福島後の日本経済論

寺岡 寛|著|
Teraoka Hiroshi

同文舘出版

はしがき

平成二三［二〇一一］年三月一一日。この日は、これから先も日本人のみならず世界の多くの人たちに記憶される。その日、東北地方などを襲った巨大地震と巨大津波は、想像を絶する被害を与えた。福島県双葉郡大熊町に立地していた東京電力の福島第一原子力発電所(*)も大きな被害を受けた。津波はやがて引いていった。だが、引くことのない多大な影響を残し続けることになった。

世界でも経験したことのない原子力事故が起きたのである。国際原子力事象評価尺度（INES, International Nuclear Event Scale）で最悪レベルの七に分類される事故が起こった。未曾有の原発事故は単に技術上の問題ではなく、わたしたちが作り上げてきた日本社会のあり方を深く問いかけた。

原子爆弾の唯一の被爆国として戦後、原水爆禁止運動が起こった。背景には、昭和二九［一九五四］年に米国政府が行ったマーシャル諸島ビキニ環礁での水爆実験で、操業中の第五福竜丸の乗組員が被爆したことがあった。日本人にとって「原子力」とは正面から向き合う課題であり続けたはずであった。

しかしながら、「ノーモアヒロシマ」や「ノーモアナガサキ」のスローガンとある種の被害者意識だけが残り、原子力そのもののあり方を問う姿勢が、どこかに打ち捨てられてきたので

＊このほかにも福島第二原子力発電所や東海村第二原発なども、同時に深刻な被害を受けていた。たとえば、東海第二原発も五メートルを超える津波に襲われた。二日前に完成した防護壁によって、わずか七〇センチメートルの差で難を逃れた。だが、地震による停電で外部電源を喪失した。非常用発電機の冷却用海水ポンプが水没し作動せず、原子炉を「低温停止」状態にさせるのに三日半を要したといわれる。

はあるまいか。

被害者意識は「やられた」意識だけではない。そこには「やりあった」意識からくる加害者の行動もあった。そのことが忘れ去られがちだ。「結果」の意識＝被害者意識と、「過程」の意識＝加害者意識は本来、交差する。それらは被害者意識の本来持っている二面性でもある。

この二つの意識の強弱によって、被害者意識がときに強く出たりする。「ノーモアヒロシマ」や「ノーモアナガサキ」と「ノーモアフクシマ」の間には、強すぎた被害者意識と弱すぎる加害者意識の断絶がある。

原爆に対する被害者意識が、いとも簡単に原子力の平和利用という物言いのなかで中和化・中立化されてきた。福島原発事故で放出された放射性物質は、世界各地で観測されたデータから類推すると、その拡散は当日の偏西風によって米国やカナダなど北米大陸から欧州、北アフリカ、さらには中東地域に及んだ可能性が高い。わたしたちは世界に対して原子力災害―放射線被曝―の加害者になったいま、それまでの被害者意識と今回の加害者意識は、わたしたちのなかでどのような関係を形成していくのであろうか。

原子力をめぐる被害者と加害者という二つの意識の根底には、「原子力ムラ」という堅固に築かれた強大な利権の重層構造があった。原発事故以降、「原子力ムラ」論があちこちで展開された。

だが、どのような業界や組織でもそれに類似するムラやムラ意識はある。問題はその拡がりと強弱、そして社会への影響の範囲である。では、見過ごしてはならないことは何か。それは原子力ムラが、とりわけ、その堅固さゆえに開放性と柔軟性を失っていた点であった。堅固な原子力ムラも、非常用電源を喪失した福島原発のような非常事態においては、対応力では無力な存在となっていた。

原子力ムラは政治、産業、報道機関など「国策」という名の下で日本社会を覆った「軍閥」のような存在となっていたのかもしれない。それは「原閥」あるいは「電閥」とも表現できよう。そのような存在は昨今、政策的に重要視されてきた産学官連携のなかで、皮肉にも最も成功した悪しき事例であったともいえる。電力業界、原子力発電の危険性に目をつぶり、今回の原発事故で適切な助言すら与えることのできなかった大学・大学院を中心とする研究者たち、そして推進側と規制・監視側とが一体化した政府機関など政府—政治家を含み—の存在もある。産学官の鉄のトライアングルの強固さがそこにあった。

日本は昭和三二［一九五七］年に初めて原子力発電の地となった。その後、平成一一［一九九九］年に、茨城県東海村の原子力発電所でＪＣＯ(*)臨界事故が起きた。今回の大震災でも、東海村の原子力発電所が危機的状況—低温停止に三日半を要した—に陥った。東海村の村上達也村長は、原子力ムラ＝原閥を「疑念・異論は許されない閉鎖性」を持つ存在であるとした上で、「日本は原発を保有するだけの『技術力』はもっていると思っています。ただ、巨大科学技術をもつリスクを意識してコントロールする『社会的な制御システム』は、日本ではつくれないのではないかと危惧しています」と指摘する（首長編『脱原発で住みたいまちをつくる宣言』）。

そうしたなかで、原子力関係の専門家に対しては、中立的かつ客観的・専門的意見や判断が期待された。実際には、原子力関係者の迷走ぶりだけが際立った。また、安全面における規制機関であったはずの政府機関もまた、その迷走ぶりを国民に示す結果となった。

結局のところ、専門家や規制機関の担当官に加え、報道機関—広告宣伝機関も含め—のようなマスコミ関係者もいったいどのような存在であったのか。多くの人たちはそこに原発をめぐ

＊住友金属鉱山の核燃料加工・ウラン廃棄物保管管理などの子会社（設立は昭和五四［一九七九］年）である。

る日本社会の暗くて深い闇の世界が広がっていることを見た。

原発事故のさらに根本には、日本社会のバランスを欠いた経済発展の帰結（＝近代化）としての地域経済のあり方があった。政府が喧伝してきた原子力発電の安全性が確かであれば、その送電ロスという経済性を考えれば他の産業と同様に消費者立地が望ましく、この意味では大都市圏にこそ原子力発電所は立地されるべきである。

だが、そのようにはなっていない。原子力発電所が立地された地域はいずれも共通して経済発展の点で大きな課題を抱えてきた地域でもあった。国土の均衡ある発展のあり方が改めて問われなければならない。いうまでもないが、原発事故にはその国のあり方が投影される。チェルノブイリ原発事故についても、旧ソ連という国家と社会のあり方がそこに投影されていた。

それでは、日本にとって国難となった今回の福島第一原子力発電所事故は、わたしたちに日本社会のあり方の何を示したのだろうか。それは単に東京電力の官僚化した巨大組織の病巣の帰結だけであったのだろうか。同時に、今回の事故は日本政府の超硬直化した官僚主義を白日の下にさらけ出し、戦後日本社会のあり方をこれでもかというほどに突き付けた。

戦後日本社会論では、戦後日本社会はつねに戦前の日本社会の構造と比較されて取り上げられてきた。その議論の中心には官僚制国家論があった。官僚制国家は戦後の民主過程でより開かれた国家となったという見方もある一方で、日本社会はいまだに官僚制国家であるという認識もある。マックス・ウェーバーあたりなら『官僚制と支配』の最後に補論として、原発事故とこの官僚制の関係の分析を加えていただろう。

今回の原発事故が明らかにしたのは、日本は官僚制国家ですらなかったという事実ではなかったろうか。避難指示が遅れたこと以前に、国民に対して必要な情報が公開されなかった。原子力発電事業の監視・規制・指導機関であるはずの政府機関—その外郭団体や関連機関も含め—だけではなく、放射能漏れなど環境を監視するはずの関連機関—環境庁や気象庁—などもただ混乱の中にいた。

官僚制とは顔のない組織であり、結局のところ、無責任体制であった。このことはその後、誰もきちんとした法的責任を取っていないことからも理解できよう。おそらく、直接の担当者は、上司に指示されたと言い、その当人はさらにその上司の指示に従ったと言い、その上司は法律に従ったと言う。誰も責任も取らない、取らなくてもよい顔のない官僚組織がそこにあった。

わたしたちは無責任連鎖の濁流の中で漂流したのである。福島原発事故は日本社会の歪んだ官僚国家としての日本社会の脆弱性を一挙に明らかにした。

原発事故発生から一年二カ月ほど後に開かれた国会事故調査委員会で、菅直人首相（当時）は今回の悲惨な原発事故から何を学ぶべきかについて、つぎのように述べている。

「ゴルバチョフ氏がその回顧録のなかで(*)、チェルノブイリ事故は我が国体制全体の病根を照らし出したと、こう述べておられます。私は今回の福島原発事故は同じことが言える。我が国の全体のある意味で病根を照らし出したと、そのように認識をいたしております。」（菅直人『東電福島原発事故—総理大臣として考えたこと—』）。

わたしも強くそう思う。と同時に、今回の事故からわたしたちは今後の日本社会のありかたをどうすべきか、貪欲に学びつづけなければならない。原発事故から四年以上が経過した。この体験を決して風化させてはならない。なぜなら、原発事故はその真の終息までにこの先途方もないほどの時間を必要とし、決してわたしたちに風化させることを許さないからである。

*ゴルバチョフは旧ソビエト連邦の崩壊の原因について、ペレストロイカ政策—「立て直し」を意味するロシア語で、一九八五年に同氏が書記長に就任して以降、進めてきた体制革新の総称である。とりわけ、旧ソ連経済の停滞にテコ入れする措置が採られ、それまでの旧ソ連の共産党官僚を中心とする経済体制の改革が試みられた—の導入よりもその五年後のチェルノブイリ原発事故が旧ソ連体制崩壊の真の原因ではなかったかと二〇年後に回顧したのである。

今後、長期にわたって、巨大地震と巨大津波の被害に合った地域には相当な財政的負担と人びとのさまざまなエネルギーが投ぜられなければならない。とりわけ、福島県については、未曾有の原発事故による放射能汚染の超長期にわたる影響、風評被害にあった産業の立て直し等々、わたしたちの眼前にある諸問題は、いまの世代だけではなく、次の世代、さらにはその次の世代等々にわたって背負わなければならない課題であり続ける。

本書では福島後の日本経済論を展開する。それは同時に福島後の日本社会論である。副題をつけるとすれば、それは「もうひとつの選択論」となろう。今回の東北大震災、そして福島原発事故で犠牲になった人びと、また今後もその影響を受けざるを得ない人びとにとって、課題は単にエネルギー問題だけに限定されるのでは決してない。わたしたちは自分たちの社会や経済がどうあるべきなのかを真剣に考え、より良き選択を次の世代以降にバトンタッチしていかねばならない。

今回の福島原発事故は、日本社会の内外にあった「見えなかった」さまざまなものを「見せた」のではあるまいか。実際には、「見えなかった」のではなく、わたしたちがただ単に「見なかった」のかもしれない。それは原子力ムラや官僚制の閉鎖性だけにとどまらず、日米間の歪んだ外交関係—安全保障・軍事関係も含め—、原子力産業をめぐる日英米仏の複雑な利害関係、日本と世界の報道体制の相違、日本国内における格差問題、そしてひたすら走りに走ってきた日本の近代化そのものの問題点など、わたしなりに整理してもそこにはあまりにも多くの残された問題がある。

今回の事故でわたしたちは取り返しのつかない「引くことのない津波」として多くのものを失った。一度に失った多くの人命、生活そして地域社会はそれまでの何世代にもわたる人びとの共同行為の蓄積や固有の歴史的文化の堆積の上に成立してきた。それゆえに、土地のかさ上げ、防波・防潮堤の建設、公共施設の建て替えだけで済まされるはずもない。

ましてや、生活再建のための金銭的な賠償だけで復興できるはずもない。賠償問題は復興を担うべき地域の人間関係にも複雑な影を落としてもいる。今後の日本社会のあり方を見据えて、日本経済のあるべき方向を探るもうひとつの選択論はわたしたちの責任でもある。

寺岡　寛

二〇一五年八月

目次

目　次

福島後の日本経済論

序論　福島事故と日本社会

1　電力会社の姿勢

平成二三［二〇一一］年三月一一日から八カ月ほど後の一一月。東京電力株式会社は『中間報告書』の冒頭「株主のみなさまへ」で、取締役会長（当時）勝俣恒久と取締役社長（同）西澤俊夫の名前でつぎのようなメッセージを伝えた。

「株主のみなさまには、福島第一原子力発電所の事故や節電のお願いなどにより、多大なご迷惑とご心配をおかけしておりますことを心から深くお詫び申し上げます。……原子炉の安定的冷却など事故の収束に向けた取り組みに全力を尽くしているところであります。また、被害者の方々に対する賠償につきましても、原子力損害賠償審査会により中間指針が策定されたことを踏まえ、本年一〇月より本賠償を開始しております。」

東電トップは、賠償資金について、原子力損害賠償支援機構（当時）と共同で「緊急特別事業計画」を作成して一一月に認定を受けたことにふれ、今後は「コスト削減、資産・事業の売却など経営の合理化を徹底」することを述べ、配当は「創業以来最大の危機に直面して」いるなかで「当分の間、無配とさせていただかざるを得ない状況」と報告した。東京電力にとって創業以来の危機をもたらした福島原子力発電所の現況―平成二三［二〇一一］年一一月一七日現在―について、『中間報告書』は今回の原発事故をこのように取り上げた。

事故の経緯に関しては、運転中の一～三号機が「東北地方太平洋沖地震の発生を受けこれらはすべて自動停止」したため、冷却の必要性があったものの、「地震の影響による送電線からの電気の供給が途絶えたため、バックアップ用の非常用ディーゼル発動機が自動起動し、原子炉の冷却を行いました。しかし、その後約一三メートルと推定される巨大な津波に襲われ、非常用電源など様々な設備が冠水したこと等により、原子炉を冷却することができなくなり、その結果、原子炉建屋の爆発や放射性物資の外部への放出という重大な事故を引き起こすこととなりました」と報告された。

同時期、福島原発事故に関して、その対応・判断の是非をめぐって司法の判断が求められていた。原発事故から二年半後、検察当局は業務上過失致死罪などの疑いで告訴・告発された東京電力幹部や政府関係四二人全員に不起訴処分の判断を示した。

争点は巨大津波が予見できたのかどうかの点であった。もし東電内部でそのような巨大津波の可能性が予見されていたとすれば、より高い防潮堤の建設などが必要であった。にもかかわらず、そのような対応策が採られなかったことになる。この事実の是非については予見されていたとする見方もある。しかしながら、検察当局の判断としてはこの点はグレーゾーンとされた。

一五メートルを超える津波に対抗できる防潮堤の建設費は巨額である。その建設が先延ばしにされたとしても、津波で非常用電源が使えなくなった場合を想定していれば、大したコストもかからない移動可能なバッテリーをバックアップ用に準備することもできた。そうしておれば、今回のような全電源喪失という最悪の事態を回避できた可能性も否定できない。企業をめぐる「社会的責任論」（CSR, Corporate Social Responsibility）がいわれてきたが、東電にとってその第一は安全面への責任であった。東電内において、地震や津波の被害に関してどのような共通認識があったのだろうか。

地震・津波被害に対して、福島第一原発が脆弱であるという東電社内の共通認識があったのかどうか。もしそうした共通意識があったにもかかわらず、コスト面を最優先して何ら具体的な対応策が採られていなかったとしたら、司法の不起訴判断はどのように解釈されるべきなのか。

前述の『中間報告書』は事故収束への道筋についてつぎのようにふれている。

「ステップ（一）」＝「放射線量が着実に減少傾向となっていること」。

「ステップ（二）」＝「放射性物質の放出が管理され、放射線量が大幅に抑えられていること」。

ステップ（一）については三カ月程度、ステップ（二）への移行についてはステップ（一）達成後の三～六カ月程度とした。放射性物質（セシウム）の一時間当たりの放出量に関しては、中間報告書は事故時の約一三〇〇万分の一に減少したことについて、図表を使って説明している。

原子炉の冷却については、「注入した水が原子炉格納容器から漏えいし、放射性物質を含む汚染水となって建屋内に滞留してしまうことが、原子炉の冷却にあたっての最大の課題となっておりました。そこで、滞留水から放射性物質や塩分を除去して原子炉への注水に再利用する

『循環注水冷却システム』により安定的な冷却をめざすこととし、六月から同方式による冷却を開始しております」とされた。

汚染水対策は、その後もタンクからの汚染水の漏えいなどが続き、現在に至るまで深刻な問題となっており、いずれの対策も根本的解決策にはなりえていない。中間報告書は使用済燃料プールの冷却、モニタリング・徐染、生活・職場環境の改善、放射線管理・医療体制の強化についても項目を設け、簡潔に説明している。

この時点―事故発生後八カ月―で、東京電力は原子炉事故の早急な収束と事故被害者への損害補償と生活保障への道筋を示した。後者の案件について、中間報告書は被害者への補償を盛り込んだ「緊急特別事業計画」の実現に向けて、資金の捻出のために不可欠となる経営合理化の課題を取り上げた。具体的には、①設備投資計画などの見直し、②コスト削減の徹底―今後一〇年間で二兆五四五五億円の削減―、③資産等の売却―三年間で、不動産時価ベースで二四七二億円、有価証券で三三〇一億円、関係会社で一三〇一億円の売却―が示された。

今後の電力需給の動向に関しては、中間報告書は火力発電所中心の供給体制で当座の冬季電力には支障が出ないことを説明するとともに、利用者に対して節電の要請を行った。決算概要では、今期経常損失額が一〇五七億円となり、原子炉事故賠償や事故収束費用などを特別損失に計上したことで純損失額が一兆七五九億円に膨らんだことが報告されている。

参考までに、同時点での他の電力会社の『中間報告書』をみておこう。主要電力各社とも今回の福島原発事故にふれ、自社の停止中や停止可能性のある原子力発電所の緊急時の「安全」体制など、その際の電力需給見通し（当時）について取り上げている。

関西電力や北陸電力などは原発以外の発電設備としてメガソーラー発電所、ＬＮＧ火力発電所や河川維持流量を利用した水力発電所を紹介している。九州電力や北海道電力は経済産業省等主催の原発シンポジウムでの「やらせメール」事件(*)への経緯説明と「おわび」を掲載している。

北海道電力の『中間報告書』は「プルサーマル計画に関するシンポジウム」について一項目を設け、「シンポジウムへの参加や推進意見を述べることを依頼するメールが送信されていたことが判明」（平成二三［二〇一一］年八月末）したことにふれ、過去五年間に計七回開催されたシンポジウム等についての第三者委員会からの調査報告の内容を紹介した。

具体的には、依頼メールという「不適切行為」に「組織的な関与が認定された」ことが事実であったこと、そしてその原因には「コンプライアンス意識の不足やガバナンスの不全」、「不適切行為を禁止する規範の不存在」があり、今後はコンプライアンスとガバナンスの観点から再発防止策に取り組むことが述べられた。

2

福島原発事故から八カ月ほど経過した時点での電力各社の中間報告書には、「コンプライアンス」と「ガバナンス」という文字が躍っていた。実際には電力会社とエネルギー消費者である国民との間にきちんとした信頼関係が成立していたとはいいがたい。むしろ、そうした関係自体が崩れ去っていたともいえる。背景には福島原発事故を契機として、過去の事故もまた隠蔽されてきたことが、つぎつぎと分かってきたことがあった。

なぜ、電力会社は過去においても原発に事故があるときに、そのデータをねつ造・隠蔽し、ときには時効になるまで沈黙し隠し続けてきたのだろうか。少し歴史を辿っておく必要がある。

*福島原発事故からおよそ三カ月後に九州電力玄海原発の二号機・三号機の運転再開について、経済産業省は「佐賀県向け説明会」を開催した。この開催に先立って、九州電力が関係会社の社員に運転再開を支持する旨の電子メールを投稿するよう働きかけていたことが内部告発で明らかになった事件である。

当初は、九州電力などは関与を否定したが、後に経済産業省に社内調査報告書を提出して、経営幹部の関与と関与した投稿社員数―子会社や取引先を含む―が一四一人であったことを明らかにした。

昭和四八［一九七三］年三月の関西電力美浜原発第一号機の燃料棒破損事故については、その四年後の内部告発でようやく明らかになった。この事故が明らかになった昭和五一［一九七六］年四月には、東京電力福島第一原子力発電所の第二号機の火災事故もまた隠蔽され、その後内部告発で明らかになった。

二年後には同発電所の第三号機で、操作ミスによって制御棒が抜け落ちたことで臨界事故(*)が起きていた。この事故は平成一九［二〇〇七］年三月になって、この事実もようやく明らかにされた。制御棒に関わる事故は昭和五四［一九七九］年二月にも福島第一原子力発電所の第五号機、昭和五五［一九八〇］年九月の第二号機でも起こっていた。

東京電力だけではなく、同様の事故は一九八〇年代から一九九〇年代末にかけて東北電力、中部電力、北陸電力でも起こっていた。二〇〇〇年代に入っても、東京電力や東北電力でも同様の事故が起こっていた。これらの事故の原因は、操作ミスから工事上の施工ミスまであるが、隠蔽されていたことには変わりはない。

すでにふれたように、今回の福島第一原子力発電所の「全電源喪失」という「想定外」の状況もまた実際に想定外であったのかどうかが問われている。この電源喪失については判例がある。平成一八［二〇〇六］年の地元住民による北陸電力志賀原子力発電所の第二号機―改良型沸騰水型―の運転差し止め訴訟(**)である。金沢地裁が下した判決には「外部電源喪失、非常用電源喪失」による原発事故の可能性が示唆されていた。

この判決の是非については、北陸電力側がこれを不服としてただちに上告した。保安院もこれを追認した。最高裁で住民側の訴えが逆転敗訴となった。その後、電力各社はこの金沢地裁判決のあとで、堰を切ったように原発安全神話のために多額の広告宣伝費をつぎ込んでいくこ

＊臨界事故―原子炉運転において濃縮ウランやプルトニウムなどの核分裂物質の取り扱いが核分裂連鎖反応（＝臨界）を引き起こすことで、大量の放射線（＝中性子線）などを放出させ周囲の人々や環境に多大の被害を及ぼすこと。

＊＊北陸電力志賀原発第二号炉訴訟―二〇〇六年に金沢地裁において原告勝訴となった。この判決については、磯村健太郎・山口栄二『原発と裁判官―なぜ司法は「メルトダウン」を許したのか―』（朝日新聞出版社、二〇一三年）に当時の井戸謙一裁判長の証言がある。

井戸は「たくさんの学者の方がつくっておられる耐震指針が不十分だと、しろうとの裁判官が判断するわけです。大変なプレッシャーがありますね」と述べたうえで、その後、地震と活断層の関係が明らかになるにつれ、「原発のような危険な施設を扱っている電力会社としては、多くの地震学者が集まって調査した

とになる。そうした巨額の資金がせめて安全対策に投ぜられていたら、今回の福島第一原発事故の結果も異なったものとなった可能性がきわめて高い。

　この意味では、今回の福島第一原子力発電所の原発事故は想定外で済まされるような天災ではない。そこには人災的要素も絡み合って被害が拡大した可能性が高かったことになる。もし度重なる事故がその都度に公表され、その原因がきちんと解明されていれば、今回の災害が果たしてこれほどの大災害となったかどうか十二分に問われてよい。

1　原発事故の構図

　電力会社の体質について、フォトジャーナリストとしてチェルノブイリ原発事故なども追ってきた広河隆一は、福島県の原発関係者、避難を余儀なくされた人びとなどへの丹念な取材をまとめた『福島　原発と人びと』で、電力会社は原子炉の定期検査で安全面よりは工期をできるだけ短縮化し、経済性（＝コスト）を最優先させた体質を問題視する。広川は元作業員の証言をつぎのように紹介している。

　「ふつう定期検査工期は八〇日前後とされる。……一週間減らして七三日間でやろうとする。これで七億円の節約になる。これに成功したらさらに五日間短くしようとする。こうしてどんどん期間を短縮していったという。しかし四〇日間で検査となると、当然本格的な点

結果、M七・六の地震がありうると言うのであれば『念のためにそれを前提とした耐震設計をしましょう』という謙虚な姿勢になって同然だと思うんです。

　ところが、（電力側は—引用者注）政府の地震調査委員会の分析のほうが間違っている、自分たちが正しい、と主張する。甘い想定で『安全だ、安全だ』と声高に言っても、裁判官はそれに乗るわけにはいきません。そのこと自体が、電力会社の姿勢としてはいかがなものかと思いました」と振り返っている。

　当時は今回の福島原発事故が起きておらず、多くの国民に地震や津波と原発事故との関係についての認識が共有されていない段階での原告（＝住民側）勝訴判決には、裁判官の「勇気」がいったはずである。この判決はそれまでの原発建設などの手続きの是非ではなく、耐震設計の基準である国の「指針」が問題視された。その後、高裁で原告側

検はできないので簡易点検になる。例えば分解して点検しなければならないものを、外観だけ見て、『傷なし、油漏れなし、点検終了』というわけだ、どうしても手抜きになってしまいます。こうした流れの中で、自主点検でシュラウド（炉心隔壁）にひび割れが見つかってもなかったことにしてしまったのが、二〇〇二年に発覚した東電のトラブル隠しである。」

民間企業である以上、コスト削減意識そのものを否定することはできない。コスト意識は経営上重要である。だが、安全面を無視したコスト一辺倒のマネジメント意識は、やがて将来とてつもないコストを支払うことになる(*)。実質的な意味で、安易な対応策はコスト削減にはならないのである。失われた信頼というコストは、個別企業にとってだけではなく、社会全体、世界全体にとってとてつもなく巨額なものとなるのである。

安全面への電力会社の隠ぺい体質は、今回の大事故の後も、原発敷地内の大気中の放射線量の観測設備のデータの取り扱いにも表れていた。高い数値のものはすぐには公表されず、監督する立場であるはずの政府もまた、そのようなデータの発表の隠ぺいに組織的に関与していた。そのため、原発周辺の住民の避難が結果的に遅れることになったことは、わたしたちの記憶にとどめておいてよい(**)。

電力会社の一連の原発事故隠しについて、日本の電力事業を中心とした経営史を研究してきた橘川武郎は『東京電力―失敗の本質―』で、それが単に「電力会社」対「社会」という構造だけではなく、電力会社内においても隠蔽体質が形成されてきたことを指摘する。

その根本的原因について、橘川は電力会社内においても原子力発電が技術的に細分化・高度化されてきた結果、社員の「プロとしての意識、自負心が強い。それが高じると、経営のコントロールを離れて、独走気味になってしまうこともあるようだ」として、「現場と経営トップ

が逆転敗訴され、福島原発事故の起きる半年前ほどの二〇一〇年秋には最高裁でも原告側の敗訴が確定する。

＊電力会社も当時、基礎研究など原子力工学などで遅れていた日本の現状の下では、原子炉利用については慎重であった。たとえば、当初に原子力発電に関わった技術者、電力会社関係者、官僚などの「原子力政策研究会」の膨大な記録を分析したNHKの取材班は、この点を明らかにしている。NHKETV取材班『原発メルトダウンへの道―原子力政策研究会一〇〇時間の証言―』新潮社（二〇一三年）。

＊＊この点については、内外情報格差や報道格差があった。海外メディアが日本政府の対応についてどのように報じたのかはつぎの著作を参照のこと。大沼安史『世界が見た福島原発災害』（一）（二）（三）

の断絶」があり、現場のトラブルが経営トップ層にきちんと伝わっていたかどうかは疑わしいとみる。

東京電力も含め、電力会社のそのような経営体質は従来からそうであったのか。あるいは、どこかで変質したのであろうか。この点に関して、福島第一原子力発電所の一号機の建設から保守管理まで四〇年間にわたって携わり、当初はGE側の技術者として、後に独立して原発の保守管理会社を立ち上げ、東京電力と長期間にわたって取引のあった名嘉幸照も『〝福島原発〟ある技術者の証言─原発と四〇年間共生してきた技術者がみた福島の真実─』で、建設当時の原子炉そのものが「発展途上」の技術に支えられたものであり、それだけに「原発は故障やトラブルがあって当たり前のプラントなのだ。ものすごい高温、高圧にさらされる巨大かつ精妙な装置、故障やトラブルがないほうが、むしろおかしい」として、具体的な事例を豊富に挙げ、徐々に原発運転のトラブルを隠蔽する体質を持つようになった東京電力の危機感の希薄さを指摘する。

名嘉はそれまでの東電の原子力発電に対する安全感覚が自主点検記録の改ざん、シュラウド点検記録の改ざん、さまざまなトラブル隠しと一九九〇年を境に変質しつつ、現場力が低下してきたことを「肌で感じた」とする。

この背景には、安全をチェックする側の専門家の仕事といえども、それが実際の原子力プラントに精通していない学者などの片手間のような仕事であれば、十分なチェック体制が構築されない。そうであれば、東電側にある種のモラルハザードが生じる。事実、そのようになった。

保守点検の実施が東電の関係者ではなく、東電と下請・外注関係にある保守点検会社であれば、東電側との取引継続のこともあり、より踏み込んだ発言がしにくくなる。そこには、下

緑風出版、二〇一一年～二〇一二年。

請・外注関係における発注元の経済的優位性が反映する。四〇年間にわたって原子力発電所を保守・管理してきた名嘉は、原子力発電技術の現状についても、つぎのように警鐘を鳴らしている。

「原子力発電といえば、多くの人は最新鋭の技術をこらしたプラントを思い描くだろう。たしかに、かつては最新の技術でピカピカの原子炉がつくられた。いつの間にか日本の原発は『化石産業』になってしまったと私は思う。技術の改革、イノベーションにとにかく後ろ向きだ。……原子力発電を見ると、旧式の機器がけっこう目につき、ガッカリする。例えば蒸気配管のドレンポットのレベル計、今どき性能のいいものは山ほどあるのに、以前のものをそのまま使って、よしとしている。

核燃料や放射性物質というセンシティブなものを扱うプラントにしては、あまりにも進歩がなさすぎる。品質管理や安全性の問題に非常に敏感で、ＧＥに厳しい注文を次々とつけて、機器の改善を求めていたかつての東電は、どこにいってしまったのかと思う。どうしてこうなったのか。

根底にあるのは、新しい技術を取り入れることへのおびえ、リスクをとることを躊躇する姿勢だ。監督官庁も同じである。

近年、電力会社の原発担当者は、新しい技術や機器を採用して失敗し、責任をとらされるリスクを恐れるあまり、現状維持でお茶を濁す傾向が強まっていった。前述した『受け身の原発管理』の悪弊です。現場の経験が減り、プラントの機器への理解が乏しくなったという側面もあるかもしれません。現場力の低下がここでも影を落とす。……原発の安全神話を守ろうという意識、失敗は許されない『減点主義』がはびこる日本の会社や官僚の風潮。なにより、現場を知らないリアル感覚のなさ……こうした要因が重なりあい、かつては時代の先端だった原発で、旧態依然のシステムが温存されていた。それが第一原発の事故の遠因であったと言えば、言い過ぎだろうか。」

名嘉が提起した「言い過ぎだろうか」への回答は、なによりも今回の事故処理のあり方に表れていた。大事故の歴史を一定期間の後に振り返った研究報告書が示唆しているのは、その原因が単一唯一の原因に起因しているのでは決してないことである。

そこには大事故に発展するまでに防ぎえたいくつかの安全管理システムが作動しなかったのである。結局は、技術水準とは人びとの意識とその営みの延長にある。事故原因が人為的ミスであれば、それを助長してきた組織の体質問題が、技術に複雑に絡まっているものである。今回の事故は東電の経営体質と決して無関係ではないことは、名嘉の指摘にも呼応している。

同様のことは、前述の橘川の指摘にもある。橘川は「電力会社内の原子力発電の担当者にインタビューすると感じること」として、「彼らには、自分たちが原子力を支えて行くのだと、という意識や使命感が非常に強い。一方で、原子力発電に対する社会の目がきびしいので、なぜ、自分たちだけが悪者にならなければならないのだ、という思いも強くもっている」なかで、電力会社の役員人事において「原子力畑は傍流に位置づけられていて、原子力畑から社長が出ることは、あまりない」現状のなかで、「経営トップと原子力担当部門との間には、そんな不信感が漂って」きたことを指摘する。

これは原子力事業の担当部署と人事部署のみに妥当するのではない。多くの事業部門を抱える巨大組織になれば、経営層、ミドル層、そして現場に働く人たちの間に良好な関係を築くことは必ずしも容易なことではない。この種の問題は、経営学における組織論の従来からの課題である。良好な関係がない組織では、きちんとした情報―とりわけ、事故やミスに関して―が経営トップ層にすぐに上がってこない。

先ほどの橘川も、現場の事故やトラブル隠しがトップに発覚するまでに一〇年近くかかった、福島第一原子力発電所一号機の定期点検の不正行為についてとりあげている。橘川は、この事件が決して東京電力ぐるみの隠ぺいではなく、「社内の分断で情報が伝わらなかった」ケースであったとみる。必然、現場のミス情報が当時の原子力安全・保安院にまで届くわけはなかった。

さらに、そうした組織構造を持つ電力会社と重電メーカーとの意思疎通の問題点も指摘される。橘川は「国・電力会社・重電メーカーの三者間の連携がうまく機能していなかったことは、原子力発電というテクノロジーを経営レベルで扱うことのむずかしさをうかがわしている」と指摘する。

このような組織文化と安全軽視の電力会社の経営姿勢は、最終的にとてつもない巨額の損失額―社会的費用として―と多くの人たちへ大きな精神的苦痛と巨額の経済負担を強いるものになったのである。その社会的コストは、今後の廃炉に向けての進展によって計り知れない。今回の安全面への軽視は、やがて大きな代償となってきてわたしたちの世代だけではなく、次世代以降へとつながっていくことになった。

2

この深刻な原発事故の収束については、事故発生の九カ月ほどあとの一二月一六日に野田佳彦首相（当時）が「冷温停止状態(*)」として事故収束を発表している。さらに二〇一三年九月に

＊「冷温停止（cold shutdown）

ブエノスアイレスで開催された国際オリンピック委員会総会で、二〇二〇年オリンピック誘致をめぐって、ジャーナリストから事故後もたまり続ける一方の汚染水問題の行方についての質問があった。安倍晋三首相が楽観論を展開したことは周知の通りである。だが、いまだに、汚染水の管理や除染が完全に実行されてはいない。

要するに、確かなことはわたしたちがいまも原発事故の実態と現状をきちんと知らされていないだけのことかもしれない。東電など電力会社の今までの原子力発電所のトラブル隠し体質から組織改革を行い、わたしたちに廃炉の現状や問題点、さらには放射線に関する重要かつ的確な情報をタイムリーに提供しているのだろうか。巨大組織はすぐに変わりうるのだろうか。

原発事故後に国民、さらには世界全体に深刻な影響を及ぼす原発事故に関して、私企業といえどもその情報を秘匿させることを防止させ、公開することを求める福島原発事故情報公開法などを立法化する必要があったのではないだろうか。ましてや、東京電力は政府出資による企業となったいわば公企業である。

汚染水問題をめぐるマスメディアと東電とのやり取りは、問題が発覚してから発表するという、わたしたちにとってはまるで後出しジャンケンのような対応を見せつけられた。多くの国民にとって、情報開示が今まで以上に重要となってきている。東電任せの放射線測定や汚染水検査などのモニタリングも、信頼できる専門家を入れた第三者機関による実施も同時に必要不可欠である。

状態」については、単に原子炉の状況だけではない。この表現についても日本だけではなく海外の多くの専門家から疑問が出された。

原発事故の経緯

1

既存資料などから、福島第一原子力発電所の事故の経緯を振り返っておく。平成二三［二〇一一］年三月一一日午後二時四六分に、東北地方の太平洋岸沖でマグニチュード(*)九・〇の地震が発生した。このおよそ九〇年前の関東大震災や約一六年前の阪神・淡路大震災と比較しても、今回は超巨大な地震であった。

その影響はさまざまな地域の施設に及んだ。多くの犠牲者が出た。もっとも、その後も長期にわたり深刻な事態となったのは福島第一原子力発電所の事故であった。同発電所は福島県の大熊町と双葉町にまたがった地区にあり、かつては陸軍飛行場であった場所に建設された。

当時、運転していたのは第一号機（昭和四六［一九七一］年営業開始）、第二号機（同、昭和四九［一九七四］年）、第三号機（同、昭和五一［一九七六］年）で、第四号機、第五号機と第六号機は停止中であった。

第一号機はすでに四〇年、第二号機は次年度には四〇年、第三号機もやがて四〇年を迎える老朽化した原子炉である。このうち、第一号機から第四号機（同、昭和五三［一九七八］年）までは同一敷地で設置され、後の二つは少し離れた敷地で建てられていた。

第一号機、第二号機、第三号機の装置は強い地震の揺れに反応して、制御棒が原子炉内に挿入され核分裂反応が制御され、緊急停止した。しかしながら、制御棒挿入によって核分裂の連

＊マグニチュード―地震の揺れを示す震度とは異なり、マグニチュード（リヒター・スケール）とは地震が発生させるエネルギーの大きさを体数値で示した指標値である。たとえば、マグニチュードで一・〇大きくなればエネルギーは三二倍へ、二・〇大きくなればエネルギーは一〇〇〇倍となる。

鎖反応が停止しても、やっかいなのはすでにある核分裂物質が崩壊熱をもったままであり、その熱を下げる必要があったことである。

崩壊熱を下げるために冷却装置の電源が緊急に確保されなければ、核燃料を閉じ込めているジルコニウム合金の被覆管が溶解して、内部にある放射線が一挙に放出されてしまう。このことが深刻な事態を招いた。

このように原子炉内の熱の制御はきわめて重要であり、制御できず温度が上昇し続けば、ウランそのものが溶解し、最悪の場合、原子炉容器そのものの溶融が始まり取り返しのつかない大事故となる。一方で、高温化したジルコニウム合金製の被覆管と水が反応して発生する水素が大量に発生すると、水素爆発の可能性が一挙に高まる。

水素爆発については、地震発生の翌日の午後三時三六分に、第三号機ではその二日後の午前一一時一分に水素爆発が起こり、原子炉建屋が吹き飛んだ。この様子は多くの人がテレビ画面で見たことであろう。この事実は原子炉内の温度が極めて高くなっていることを示唆していた。

核燃料の高温化の問題は、運転中であった第一号機から第三号機だけではなく、運転停止中の第四号機も同様であった。第四号機には前年の一一月に交換した使用済み核燃料が貯蔵された施設（プール）があり、そこに異変が起こっていた。

まだ高温を保っている使用済み燃料も急いで冷却しなければ、他の原子炉と同様に水素爆発が起こる可能性がある。実際、そのようになった。これらの事実は本来働くはずの非常用炉心冷却装置などが働かなかったことを意味している。この問題については後でもふれることにして、当時、大きく報道はされなかったが、深刻な事態は福島第一原子力発電所だけではなく、そこから十数キロメートルほど南、自動車で三〇分ほどの距離にある福島第二原子力発電所で地震直後に送電線三本のうち二本が喪失し、津波によっても原子炉の冷却機能に支障が出ていた。

前日の第一原子力発電所に続いて、翌日の三月一二日には「原子力災害対策特別措置法」による第一五条通報が行われていた。このため、増田尚宏所長などスタッフは原子炉減圧と原子炉への注水作業に懸命に取り組み、三月一五日には四つの原子炉すべてを冷温停止状況になんとか持ち込んでいた。

以下、福島第一原発事故発生の三月一一日午後二時四六分の三陸沖で巨大地震の発生によって原子炉停止した時点からおよそ一カ月間の動きを新聞報道などからつぎに示しておく。

2

三月一一日（土）

午後二時四六分　東北三陸沖を震源とする巨大地震の発生
二時四七分　福島第一原発で外部電源喪失
三時一四分　政府による緊急災害対策本部の設置
三時二二分　津波第一波の到達
三時三五分　津波第二波の到達
三時三六分　東電本店に非常災害対策本部の設置
三時三七分　第一号機の全交流電源喪失、続いて第二・三号機も喪失
三時四二分　非常用ディーゼル発電機の停止、福島第一原発の吉田所長の「原子力災害対策特別措置法」に基づき第一～第三号機の全電源喪失を経済産

業省原子力安全・保安院にファックス通報、東京電力の第一次緊急時態勢の発令（すべての交流電源喪失）
三時四五分　津波が敷地内オイルタンクを破壊・流出させる。
四時一五分　米国ルース駐日大使の協力申し出
四時二〇分　政府、今回の巨大地震を「東北地方太平洋沖地震」と命名
四時三六分　第一号機と第二号機の冷却装置が作動せず冷却が不可能となる。第一・二号機について、原子力災害対策特別措置法第一五条通報（非常用炉心冷却装置注水不能状況）、東京電力福島第一原子力発電所における事故に関する官邸対策室の設置
四時四五分　東電、原子炉の冷却不能状況を政府に報告
四時五四分　菅直人首相、記者会見
＊（四時四〇分から五時ごろ）第一号機の炉心上部が露出した可能性が示唆されている。
（六時ごろ）　第一号機の炉心の損傷が始まった可能性
六時一二分　与野党党首会談開催
＊六時すぎには、東電は第一号機の核燃料露出の可能性を予想していたともいわれる。
六時二五分　第一号機の非常用復水器を停止
六時三〇分　東電原子力立地本部長の武藤栄副社長現地入り
七時〇三分　枝野官房長官による原子力緊急事態宣言の発令記者会見開催
＊八時ごろには、第一号機の原子炉の核燃料が、水面から露出していたとみられる。

八時四九分　第一・二号機中央制御室の仮設照明点灯
八時五〇分　福島県、独自判断で、第一号機の半径二キロメートルの住民に避難命令、三～一〇キロメートル圏内の住民に屋内待機の指示を出す。
九時二三分　政府、原発から三キロメートル圏に避難指示、一〇キロメートル圏に屋内避難指示
九時三〇分　吉田所長等が、第一号機の復水器の弁の閉鎖に気づく。
九時五一分　第一号機の建屋の放射線量上昇

ジャーナリストの門田隆将は、福島原発事故発生の翌年に、福島第一原子力発電所の吉田所長（当時）をはじめ、現場の作業関係者など九〇名以上へのインタビューを重ねている。門田はそうしてまとめた『死の淵を見た男―吉田昌郎と福島第一原発の五〇〇日―』で、原子炉が地震と津波に破壊されたなかで、電源喪失によって冷却機能が失われた原子炉建屋に危険を冒して突入し消化ポンプ室に辿りつき、外からの注水への弁を開いた作業者の様子をつぎのように描いている。

「最後のこの弁を『開』にした時、午後八時近くになっていた。中制（中央制御室―引用者注）を出て、すでに一時間以上が経過していた。この作業は……のちのち決定的な『意味』を持つことになる。およそ一時間後には、一号機の燃料が壊れ、線量がどんどん上昇してくる。午後十一時には、原子力建屋に入れるレベルではなく、『立入禁止』になっている。まだ、原子炉建屋に入ることのできる時間帯に、すでに『水』を入れるラインを確保し、その準備を終えていたのである。原子炉への水のラインが開いていたことにより、ここを通じ

てすべての水が入っていくことになる。もし、これができていなければ、『冷却』がまったくできなかったのである。」

今回の大事故の規模と範囲を考えれば、こうした状況がいずれも不幸中の幸いとまでいえなくとも、注水ラインができていなければその後の事故展開はまた大きく異なっていたことは間違いないだろう。

三月一二日（日）

午前〇時〇六分　第一号原子炉格納容器の圧力が上昇、吉田所長、ベント準備の指示

〇時一五分　菅直人首相とオバマ米国大統領の電話会談

午前一時前後　第一号原子炉格納容器の圧力がさらに上昇

一時一二分　原子力安全・保安院がSPEEDIの試算結果を原子力安全センターから受信するが、官邸には知らされず。

一時三〇分　菅直人首相、第一・二号機のベント実施を了承

二時三五分　吉田所長、第二号機格納容器のベント優先を決断

三時〇六分　海江田経産相と小森東電常務が経産省でベント実施の記者会見

三時一二分　枝野官房長官がベント実施の記者会見

三時五九分　長野県北部で地震発生

五時四四分　政府、避難指示を一〇キロメートルに拡大

五時四六分　消防車による第一号機への淡水注入開始

六時過ぎ　原子力安全・保安院による第一・第二号機の中央制御室の放射線観測

結果の報告

六時一四分　菅直人首相、官邸屋上よりヘリコプターで福島原発視察へ

六時五〇分　海江田経産相、原子炉規制法によるベントを東電に命令

八時〇三分　吉田所長、ベント実施の九時目標を指示

八時〇五分　菅直人首相、福島第一原発から離れる

九時〇五分　第一号機のベント実施の報道発表

九時一五分　決死隊第一班が手動でベント弁の一部を開く。

九時三〇分　決死隊第二班、放射線量上昇で断念

九時五五分　保安院、第一号機の燃料棒の露出の可能性を示唆

一〇時〇〇分　清水東電社長が関西から帰社

一一時三六分　第二号機の原子炉隔離時冷却の停止

午後一二時三五分　第三号機の高圧注水系の自動起動（原子炉の水位低下）

一時四五分　保安院、記者会見開催

二時前後　保安院、第一号機付近でセシウム検出を発表

二時三〇分　第一号機格納容器の圧力低下確認（ベントによる放射性物質の外部放出の判断）(*)

三時三〇分　東京消防庁のハイパーレスキュー隊が出発
電源車をホウ酸水注水系ポンプの電源につなぐ。

三時三六分　第一号機で水素爆発（五名負傷）、ホウ酸水注水系ポンプの電源ケーブルが損傷し、ポンプが使えなくなる。

＊共同通信が首相官邸のホームページでのベント開始時間の公式発表の書き換えを報道。当初のベント開始「午後二時三〇分」を「午前一〇時一七分」と繰り上げていたことが発覚する。

四時二七分　敷地境界の放射線量が異常上昇
五時四五分　枝野官房長官、記者会見
六時二五分　菅直人首相、半径二〇キロメートルの住民に避難指示
七時〇四分　吉田所長、海水注入を指示
七時二五分　東電本店の清水社長、吉田所長に海水注入中止指示
七時五五分　菅直人首相、海江田経産相に海水注入を指示
八時二〇分　第一号機に海水注入開始
八時四〇分　枝野官房長官、第一号機爆発の状況説明
＊保安院は、福島第一原発事故の国際評価尺度で暫定レベル四と公表
九時前後　枝野官房長官、水素爆発で三人被曝と発表
三月一三日（月）
午前二時四二分　第三号機の冷却装置の停止
四時一五分　第三号機で燃料棒の露出
五時一〇分　吉田所長、保安院へ第三号炉の冷却機能喪失を保安院に報告
五時五〇分　第三号機のベント実施を報道発表
（七時四〇分頃）　第三号機の炉心の露出開始の可能性
八時三五分　第三号機のベント手動開始
八時五六分　福島県、制限値を超えた被曝者数を発表
九時〇八分　第三号機に真水注水
九時二〇分　第三号機の格納容器の排気（ベント）

九時二四分　東電、ベント成功と判断
　＊一〇時二〇分ごろ、第三号機の炉心損傷開始の可能性
午後一時一二分　第三号機の燃料棒露出に対して消防車から海水注入
　＊一〇時一〇分ごろ　第三号機の圧力容器が破損した可能性がある。

三月一四日（火）
午前三時二〇分　第三号機でベント開始
　一一時〇一分　第三号機建屋の爆発（一一名負傷）。この影響で第二号機のベント弁の回路が故障で作動不可能に
午後一二時三〇分　第二号機の圧力と温度の上昇確認
　一時二五分　東電、第二号機の緊急冷却装置が停止したと判断、第一五条通報、原子炉への注水停止
　四時二〇分　第二号機の格納容器ベントができず、圧力容器の逃がし安全弁を自動車のバッテリーによって開くことを優先する。
　＊すでに第二号機の炉心の露出の可能性があった。
午後七時二〇分　第二号機に海水注入中の消防車のガソリン切れで注入が中断する。
　八時四〇分　武藤東電副社長、第二号機の状況について記者会見
　八時五〇分　第二号機格納容器の圧力が最高使用圧力を越える。その後、第一五条通報。

三月一五日（水）
午前三時〇〇分　海江田経産相、管直人首相に東電の現場からの撤退「意向」を報告
四時一七分　菅首相と清水東電社長の会談
五時二六分　政府と東電が事故対策統合本部の設置を発表
五時三五分　菅相、東電本店へ到着
六時〇〇分　第二号機の圧力制御室付近の爆発、第四号機の原子力建屋の爆発
七時〇〇分　監視・応急復旧作業に必要な人員を残し福島第二原発に一時退避
八時四六分　菅首相、官邸に戻る。
一一時〇〇分　管首相、半径二〇～三〇キロメートルの住民に避難指示
一一時五九分　国土交通省、福島第一原発の半径三〇キロメートルの飛行禁止を発表
＊放射線量が高くなり、オフサイトセンターが使用できず、現地対策本部は福島県庁舎へ移転
＊＊米国のエネルギー省から専門家派遣される

三月一六日（木）
午前五時四五分　第四号機建屋で再出火
八時三七分　第三号機で白煙観察
＊駐日米国大使のジョン・ルース、福島第一原発から八〇キロメートル圏の米国民に避難か、屋内退避の声明を発表
＊＊米国原子力規制委員会や海兵隊からも専門家が派遣されることになった。

三月一七日（金）
午前九時四八分　自衛隊ヘリコプター、消防車、放水車による放水、原発内に送電線引き込み作業開始
＊米国原子力規制委員会からチャールズ・カストーが派遣される。
三月一八日（土）　圧力容器内に海水注入作業、第一・二・三号機が国際事故評価尺度でレベル五に認定
三月一九日（日）
午前四時〇七分　枝野官房長官、福島県内の作物などから食品衛生法の暫定基準値を超える放射能検出を発表
三月二二日（水）　厚生労働省は、福島県内の水道水から放射性ヨウ素検出を発表
三月二三日（木）　東京都、金町浄水場の水道水から放射性ヨウ素検出を発表
三月二四日（金）
午前一一時三〇分　第一号機の外部電源復旧
＊第三号機で作業中の三人が被曝

三月二六日（土）　第二号機のタービン建屋から高濃度汚染水を計測
三月二八日（火）　原発敷地内の土壌からプルトニウムが検出
＊三月三〇日（木）　フランスの原子力企業アレバ社長が来日
四月〇二日（日）　東京電力、コンクリート壁の亀裂から汚染水が海に流出していることを確認
四月〇四日（火）　「低濃度」汚染水を海に放出、周辺各国の非難受ける。
四月〇六日（木）　高濃度汚染水の止水
午前五時三八分　第一号機格納容器内へ水素爆発防止のため窒素ガス注入(＊)
四月〇七日（金）　宮城県沖で強い余震が起こる。
四月一一日（火）　福島県浜通りで強い余震が起こり、原子炉への注水が一時停止
四月一二日（水）　保安院、原発事故の国際評価尺度を暫定でレベル七に引き上げる。

＊日本では四月六日（米国時間では四月五日）、日本政府の正確な原発事故情報の発表のないままに、ニューヨークタイムズは米国原子力規制委員会の福島第一原発事故の非公開報告書の内容をスクープし、この原発事故がきわめて深刻であり、余震などの影響もあることを報道した。

3

原発事故のこうした流れをみても、現場で実際の事故対応に当たっていた吉田昌郎所長、中央制御室の運転員、作業員の想像を絶する緊張感、原子力安全・保安院(*)の保安検査官の狼狽ぶりが伝わってくる。

福島原発事故の四日後に来日し一〇カ月半にわたって事故収拾に協力した米国の原子力規制委員会（NRC）の専門家チームの責任者であり、原発運転員の経験をもつチャールズ・カストーは、情報が錯綜するなかで現状を正しく把握することの困難さを語っている。そしてジャーナリスト船橋洋一との対談で、当時の現場の混乱ぶりの状況をつぎのように振り返っている（『文藝春秋』二〇一三年一〇月号）。

船橋　「事故の初期段階で、米国は日本政府の対応にもどかしさを抱いていた。特に、事故対応を東京電力に任せていることに、強い不満を感じていたと聞いています。その背景には、原子力安全・保安院の保安検査官が、福島第一原発から事態が深刻化する前に逃亡してしまったことがあったのではないのですか。保安院の本部は、現場に残れとも撤退せよとも指示を出さなかった。そういう組織が、日本の原発規制の元締め官庁だったことは私にも衝撃的でした。」

カストー　「保安院の保安検査員には、事故が起きたらどう行動すべきか、という、規範が存在しなかったのです。また、責任を持って現場に踏み度止まるという文化もなかった。組織もそうした職員の心づもりを醸成してこなかった。適切な対応ができるはずもありません。米国でしたら、今回のような事態の場合、保安検査官は真っ先に中央制御室に

＊原子力安全・保安院―経済産業省の外局の資源エネルギー庁の特別機関であったが、福島原発事故の翌年の平成二四［二〇一二］九月に廃止され、環境省の外局の原子力規制委員会へ移管された。ただし、産業保安関連の組織は経済産業省に残った。

駆け付けます。何が起こっているか状況を把握するには、そこに行く以外にないからです。（中略）……専属検査官がいることで、各政府機関、最終的には大統領にとっても、直接コンタクトを取れる部下がいることになるのです。……日本の菅直人首相には、そういう人物がいなかった。不幸にも、彼は直截かつ客観的な情報を得るすべを持たなかったのです。」

要するに、規制・監督する政府側においても、事故が実際に起こることを想定したシステム作りが行われていなかった。必然、東電本社側にも、そのような危機的状況への対応を組み込んだ組織文化が作られていなかった。原発事故の混乱の収拾はもっぱら吉田所長以下の現場の人たちに実質上ゆだねられた。また、原子力工学や放射線の専門家といわれる学者にとっても、実際の原発運転の経験と知識は断片的で、実際の事故収束への具体的な手順の提案者―住民の避難の範囲も含め―となるのではなく、評論家的存在にとどまった。

この点について、カストーは「責任の分担が決まっていない」カオス状況の下で、「ひとたび関係者になれば、そのゲームに参加したがります。今回は学者たちがかなり深く関わっていました。彼らは現場のことにはなにも触れないのに、『そんなことをする前にこれを分析すべきだ』などと大きな発言権を持つことになりました。彼らも同じテーブルを囲むわけです。東電や官邸を含め、こうした大勢の関係者がいたことで混乱が生まれ、決断が遅くなったことは否めないと思います」と指摘する。カストーならずとも、多くの国民がテレビに登場してくる専門家たちの抽象的な事故対応コメントを聞きながら同じような感じをもったにちがいない。

ジャーナリストの今西憲之が『福島原発の真実　最高幹部の独白』で、現場にあって事故への対応に当たっていた幹部からのメモを中心に事故発生の現場の混乱状況を再現している。今西は現場取材に至った経緯について、つぎのように述べている。

「東京電力と政府がフクイチ（福島原子力第一発電所の略―引用者注）の現場取材を認めたのは二〇一一年一一月と二〇一二年の二月のたった二回である。……まるで『団体ツアー』のようなものだ。その取材で公開された写真や映像を見て、がっかりした。私がフクイチに何度も行き、このポイントだと思った『絵になる場所』からの写真がない。うまく外している印象を持った。いまもって（二〇一一年三月一一日―引用者注）、生の本当の姿を見せたくはないのか、事故を小さく見せたいのか。……私を〝世界一危ない場所〟に招いてくれたフクイチの最高幹部をはじめ、何人かのスタッフは、『生の本当の原発事故の姿を、見て、撮って、書いてください』と私の希望に応じてくれた。……常に被曝の危険と隣り合わせだった。それでも、フクイチの最高幹部らが応じてくれたのは、

『一年たてば、原子炉建屋はカバーで覆われて、見えなくなる。いま、この状態、真の姿を見て、記録しておいてほしい』

そんな思いからだった。……記者やカメラマンなど報道にかかわる人間がこんなにたくさんいるのに、誰ひとりとして現場に行かず、東京電力と政府の発表を垂れ流すのは、マスコミの敗北だ。」

今西がこの最高幹部が現場の悪戦苦闘の中で走り書きのように残したメモにあった状況や、情報提供者との一問一答のインタビューのなかで読者に伝えたかったのは、すでにメルトダウンが進んでいると認識して作業を行っていた現場の姿であった。そして、そうした現場の実態に疎く、「大本営発表」に終始した本店―メルトダウンを認めたのは五月一二日であった―、現場と政府との間にあった越え難いほどの距離感の存在。また、埋めようもないほどの不信感

であった。今西は今回の地震・津波と原発事故との関係について、現場で指揮に当たった最高幹部のつぎのような発言を紹介している。

「現場の人間として、地震で何もなかったというのはウソだと断言します。事実、送電の鉄塔は倒れました。フクイチからダムへの配管も古かったせいか、地震で潰れてしまい、使えませんでした。……原発自体にも、地震が原因だと思われる被害があちこちにあります。……フクイチが稼働して四〇年たちます。その古さが地震に耐えられなかった面がある。」

この幹部は「私は原発が必要だと考えます。ここまで日本は、カネと時間をかけて、原発技術を世界のトップレベルに引き上げてきました。それを継続し、より発展させるためには、原発をやめてはいけない」という立場から、原発事故をめぐる問題は原発の技術的側面だけではなく、むしろ「原子力ムラ」という閉鎖的な組織構造にあったと指摘する。技術を使う側の人間組織のあり方がここでも問われている。だが、そもそも人間が原子力技術を制御できるのかという根本的問題と課題もある。

フクイチ＝福島第一原子力発電所にある原子炉は、いずれも「沸騰水型軽水炉」とよばれる装置である。この型の原子炉については、その開発・設計に携わり、また、米国ペンシルバニア州のスリーマイル島原発事故を研究してきた米国人技術者アーニー・ガンダーセンは、事故当初からメルトダウンを起こっていることを確信していたという。

ガンダーセンは『福島第一原発―真相と展望』で、「福島第一原発で起きたのは、チェルノブイリのような原子炉の暴走ではなく、スリーマイルと同様の冷却材喪失事故でした。……しかし重大な要因はそれだけではありません。東電や日本政府は真の事故原因をきちんと公表していません。防波堤さえ強化すれば原発の安全性が確保されるわけではないのです」と指摘する。

ガンダーセンは福島第一原発のGE社の「マークI」型原子炉そのものについても、「設計上の問題が致命的」であり、今回の事故については津波ではなく、地震による被害が最も深刻であったことを重視した。それゆえに、彼は日本のような地震国での原子力発電の是非を問い、それに根本的な疑義を突き付けている。

ガンダーセンは福島原発事故から半年ほど経過した時点で、各号機の状況について専門的知見を示している。彼は水素爆発で吹き飛んだ建屋をポリエステル織物繊維で覆った第一号機に関しては、「不安定に安定している」状況であり、「溶融した燃料が再臨界するようなことは考えにくいですが、水素爆発の恐れは残っています」と推測した。

「格納容器の破損が最も深刻であった」第二号機については、「格納容器の破損が最も深刻」と判断された。ガンダーセンは「格納容器と圧力抑制室を繋げるパイプで、マークI型の弱点の一つ……核燃料の大部分は格納容器の底まで溶け落ちている」とみた。このことは第一号機と同様に、第二号機からは将来にわたって大気と地下水に放射汚染が続くことである。

「立ち上がった黒いキノコ雲……使用済み核燃料プールで不慮の臨界が起きたと考えられる」第三号機については、「格納容器のどこかに漏れがあるのは確実で、今なお蒸気が逃げています。何年にもわたって（放射能の―引用者注）放出が続くでしょう」とされた。

ガンダーセンは「一番の懸念材料は四号機（*）であり」、それゆえに米国側が「当時の日本政府の勧告よりも広い八〇キロメートルの避難を勧告した（**）」のはこのような分析からであったと説明する。

この分析根拠は第一号機や第二号機との比較では、第四号機で炉心数個分が取りだされたば

＊第四号機―その設計に携わった田中三彦は、原子炉の製造途中において自重で円形にならずゆがんだために、ジャッキで持ち上げて矯正せざるをえなかったことを証言している。田中三彦『原発はなぜ危険か―元設計技師の証言―』岩波書店（一九九〇年）。

＊＊米国政府は福島原発事故に対応して、航空機による放射能汚染のモニタリングのほかに、横須賀海軍基地から放射線モニタリングチームを派遣しデータを収集している。

米原子力規制委員会（NRC）は放射線拡散モデルによって、汚染地域が福島原発から北西方向に広がっていくこ

かりのまだ崩壊熱の高い使用済み核燃料が、プールに貯蔵されていたことへの強い懸念からきていた。建屋の構造も弱体化している現状の下では、強い余震によって崩壊した場合に甚大な影響があることが予想された。いずれにせよ、福島第一原子力発電所の各原子炉は廃炉せざるをえない。

日本社会の課題

1

今回の大惨事の直接的きっかけは天災であった。そうであったとしても、その原因のすべてが天災による被害であるとは決していえない。では、それは一民間企業のマネジメントレベルにおける狭義の「人災」によってもたらされたものか、あるいは、政府の原子力政策の根本的な誤りの帰結というより広義の「人災」―政策的失敗ということでは「政災」ともいえる―であったのか、そもそも、世界でも有数の地震国である日本の自然環境条件を無視して原子力発電所を建設し続けた政策的意識そのものが人災であったのか、このことが問われているのである(***)。

今回の事故が、さまざまな要因が重なり合った複合的「人災」であったのか。原子炉の開発・設計・施工にかかわった多くの民間企業が、それぞれに小さな誤りを犯した総合的帰結としての人災であったのか。結果としては、今回の福島原発事故は、天災と人災の複合災害であ

とを予想していた。米国政府は米国人に対して福島原発から五〇マイル（約八〇キロメートル）圏外の避難地域情報を出した。

***福島原発が起こった年には、米国でも洪水や火災などの自然災害によって深刻な事態につながるような原発事故が起こっていた。米国の場合も、冷却を必要とする原子炉は五大湖周辺とミシシッピ川水系の地域に多く立地している。洪水などによる構内水害によって原子炉を冷却できない事態も起こっている。

また、米国南部の森林火災などによって周辺に立地する原子力関連施設―軍事目的の研究センターも含め―が危機に陥ったこともある。米国でもかつてマグニチュード六近くの地震の発生によって原子炉の冷却が困難となったこともあった。詳細については、大沼安史『世界が見た福島原発災害（二）―死の灰の下で―』緑風出版（二〇一一年）を参照。

った。

日本が最初に原子爆弾の被害国になった歴史的対比においては、今回のような地震と津波によって原子力発電所が壊滅的な被害を受けた最初の国となった。しかも、それまでの最悪の事故とされたスリーマイル島やチェルノブイリの事故との相違では、それらはあくまでも原子炉の単発事故であった。

今回は稼働中の三つの原子炉が冷温停止の非常事態となったことに加え、使用済み燃料プールの冷却機能が停止し、原子炉建屋に貯蔵されていた三千本を超える使用済み核燃料が相当な被害を受けた。これだけでも、今回の事故の大きさと深刻さが理解できよう。必然、複数の原子炉と大量の使用済み核燃料への暫定的対処―決して恒久的ではない―にも長い期間を要したことで、それだけ放射性物質の拡散と汚染の範囲が拡大し続けた。

今後、まず取り組まなければならない廃炉に向けては、技術的に残された課題があまりにも多く、また、経済的にも将来において長期間、日本社会に多大の経済的負担を強いる。放射線量の強い中で格納容器から核燃料やその周辺の瓦礫をどのようにして外部へと取りだすのか。人力ではなく、ロボットなどを使うことになるだろう。だが、ロボットによる撤去方法は技術的にも解決されていない。また、ロボットや機械で処理できない作業は最終的には人の手によるしかない。その場合、人体への放射線被曝の影響を最小限に食い止めるような技術はいつまでに開発されるのであろうか。

放射性物質を取り出したとしても、それらを放射性廃棄物―汚染水や土壌も含め―として処理して、最終処分するにはそれなりの広大なスペースを必要とする。放射性物質による健康被害も、単に特定地域の住民だけではない。飲料・食品を通じての生体への影響はどうであろうか。放射線や放射能による被害の範囲と期間をどのようにとらえるのか。これによってあるべき制度も根本的に異なってくる。さらには日本のみならず関係国への漁場汚染や漁業関係者への広範囲な賠償問題もある。

2

賠償問題については、今回の事故をめぐって東京電力の経営・財務調査委員会が事故後の一〇月に発表した『委員会報告書』によれば、被害者への損害賠償費用は一兆三四五八億円と想定されている。ただし、この時点での金額は今後、放射能汚染の地域と範囲をどこまで設定するのか、という問題を残したままの想定額にすぎない。

何を賠償対象とするのかによっても、賠償額は今後さらに大きく増加することが予想される。そのような金額の多寡は別として、東京電力が果して一民間企業として巨額にのぼる賠償額を実際に支払うことができるのかどうか。もし、東京電力が廃炉など直接的な事故処理の巨額負担のために倒産した場合、被害者への賠償責任能力を失う可能性もある。その場合、被害者が賠償金を受け取れなくなるかもしれない。

日本の原子力政策が立案された当時、こうした事態をどこまで政府や国会が具体的に想定していたかはわからない。とはいえ、昭和三六［一九六一］年に「原子炉の運転等により原子力損害が生じた場合における損害賠償に関する基本的制度を定め、もって被害者の保護を図り、及び原子力事業の健全な発達に資することを目的」とした「原子力賠償法」が成立している。

同法は第三条で電力会社に原子炉の運転だけではく、核燃料物質等の運搬中の事故に関しても「無過失責任、責任の集中」を課した。ただし、「その損害が異常に巨大な天災地変又は社会的動乱によって生じたものであるときは、この限りでない」とされている。東電が記者会見や公式文書などでも、今回の事故が「想定外」―異常に巨大な天災地変―の天災によってもたらされたことを何度も繰り返して強調していた真の意味はここにある。

いまになって振り返れば、この第三条規定―ただし書き―のもつ意味は大きい。今回の巨大事故の責任を負う当事者があまりにも不明確となり、必然、原発事故から多大の被害を受けた者への損害補償の先行きも不明確となり、損害補償の範囲はその時々の政治情勢に左右され、それゆえに先延ばしにされる可能性もある。東京電力も、また東電に原子炉設備を供給した製造業者―原子炉メーカー―の責任も不明確となる。

「想定外」―異常に巨大な天災地変―であるのかどうかは、これ以前の貞観地震、明治初期の三陸地震、昭和初期の三陸地震による津波被害は東電側も知識としてはあったことは判明している。問題は、安全面と費用面に対する東京電力の経営意識のあり方にあった。予想されたことに対して、対応を怠ったということであれば、多くの事故の場合と同じように、東京電力側の過失責任が厳しく問われる。

この場合、過失責任とその責任の集中―要するに単独責任義務―を負っている東京電力は、あくまでも原子力設備の運転者であり、もし、原子炉やその周辺機器や設備に設計上、あるいは製造上の問題があった場合でも、東電など電力会社だけがすべての責任を負うことには大きな問題もある。

通常、製造者には「製造物責任」（product liability）が課される。機器設備に欠陥がなくても、実際に、その施工に当たった建設業者などが正常に設置しなかった場合もある。では、なぜ、原子炉などの設備に関して製造者などは免責となるのであろうか。日本の原子炉が米国からの輸入によって創始されたことを考えれば、米国側がそうした義務回避を技術供与の条件に求めた可能性がかなり高いのではないだろうか。設計等に欠陥があれば、米国企業もまた賠償責任を負わざるを得ないからであった。

いずれにせよ、原子力に関しては事故の際の電力会社の賠償責任義務は法的にもきわめて重い。だが、先ほど、指摘したように賠償額が巨額となった場合には、電力会社が経営破綻する可能性がある。それゆえに、「原子力賠償法」でその第一条にあった「被害者の保護」と同時に、「原子力事業の健全な発達」が明記された意味が理解できよう。

そのためには、支払い不能に備えて電力会社は保険会社が関わる「原子力損害賠償責任保険」に加入しているだけではなく、政府との間で「原子力損害補償契約」を結んでいる。前者については、天災などの免責条項があり、今回の事故が災害によるものであれば、経営を揺るがすような賠償責任は対象外となる。

したがって、後者の損害補償契約に基づいて、政府＝国が東電に一定額の「援助」＝税金投入を行うことになる。それだけに、その決定金額そのものがきわめて政治的に変わり得る。結局のところ、原発事故から五カ月後に「原子力損害賠償支援機構法」が成立した。

同法第一条で、目的を前述「原子力賠償法」で「賠償の責めに任ずべき額」を超える金額に関して原子力事業者＝電力会社に損害賠償に「必要な資金の交付」を行いつつ、「原子炉の運転等……に係る事業の円滑な運営の確保を図り、もって国民生活の安定向上及び国民経済の健全な発展に資すること」であるとした。

同法により、原子力損害賠償支援機構（支援機構）が設立された。同機構による賠償額支払いは政府から交付された国債の換金によって行われることになった。これで東電の賠償による倒産の可能性は、経済的ではなく政治的に回避された。この結果、東電は支援機構からまずは約八九一〇億円の援助を受けた。だからといって、被害者はすぐにそうした支援金から損害賠償額を受け取れたわけではない。

環境経済学者の大島堅一は、『原発のコスト――エネルギー転換への視点――』で、原子力災害への賠償問題で積み残された問題の所在について、「このような特殊なからくりがなければ、賠償にともなう巨額の損失が発生し、債務超過に陥り、経営が立ちゆかなくなったはずである。そうなれば、法的整理を通じて経営責任が問われることにならざるをえなかったであろう。しかし、支援機構法によってアクロバティックな制度がつくられたため、東京電力の経営責任は問われなかった。これは、東京電力が原発事故を引き起こした体質をそのまま温存することにつながり、非常に大きな問題である」と問題提起するのは当然である。大島は日本経団連などいわゆる「財界」が東電の損害賠償額に一定限度を設け、後は国家賠償にさせるような動きを強めてきた現状についても、問題点をつぎのように厳しく指摘する。

「最終的なツケを国家に回そうというのである。原子力発電から得られる利益を私企業としての電力会社が享受し、その結果として生み出される巨大な損害を国民持ちにするというのは、あまりにも都合が良すぎる。このような内容の改定が行われれば、電力会社と関係者の責任が一層問われなくなる。そうなれば、これまで以上に原子力発電に対して無責任な体制が維持されてしまうであろう。このような改定は絶対に避けなければならない。」

では、最終的に賠償責任を問われない東京電力の経営責任とは何であったのだろうか。大島のいう東電の「経営の体質」とは何であろうか。まずは、ここで「経営責任」のうち、「経営」＝経営上と「責任」を分離させて、責任そのものとは何かを考えておく必要がある。

3

今回の賠償問題に関して、日本企業の「経営者」の総本山である日本経団連の米倉弘昌（一九三七～、住友化学）会長たちの東京電力の賠償責任をめぐる発言もきわめて政治色が強かった。日本の大企業経営者の「経営」感覚もみておく必要がある。

経営感覚や経営体質という面では、日本の電力企業の経営の特徴は、本社と現場とが遊離した、まさに「オフサイト経営」であったのではなかっただろうか。原子力発電所の現場をよく知る技術者の浅川凌(*)は、『元・現場技術者がすべてを語った！――福島原発でいま起きている本当のこと――』で、今回の大惨事が経年劣化した配管などがまず地震によって破断したことで引き起こされたと類推する。にもかかわらず、今回の事故をすべて想定外で済ますのは、単に東京電力の安全性軽視の経営体質だけではなく、原子力業界全体の構造に起因するとみる。

浅川は、原発技術者としての自らの経験を通して、電力会社は現場での実際の状況把握や現場作業員の自発的工夫などへの関心が薄かったと振り返る。必然、東電なども現場の状況を「机上の計算」だけで管理しようとして、マニュアル的対応に固執する傾向が強かったのではないかと回顧する。

浅川は、第一号機の水素爆発にもそうした傾向が現れていたのではないかとみる。なぜ、現場の状況把握がきわめて重要であるのか。それは原子炉などの設計段階では「ハイレベル」の技術であっても、年間放射線量の関係もあり、実際に原子炉の製造に当たるのは熟練技能者ばかりではなく、素人でもあることを電力会社はきちんと認識する必要があった、とつぎのように指摘する。

＊「大手電機メーカーの原子力部門に配属され……同発電所（福島第二原子力発電所――引用者注）の建設工程・進捗の管理、始動したばかりの柏崎刈羽原子力発電所の建設計画などに従事。その後、定期検査要員となり、福島第一原子力発電所をはじめとする全国の原子炉まわりのメンテナンスに指導員の立場であたっていた」とされる。浅川凌『元・現場技術者がすべてを語った！――福島原発でいま起きている本当のこと――』宝島社、二〇一一年。

「原発というプラントは、大スケールである上に、超高レベルの精密なものであり、設計から設置まで、すべての工程において、最高レベルのプロを必要とします。プロの分野も、機械工、組立工、溶接工などなど、きわめて多岐にわたりますが、工程が川下になるほど、その必要数は増えます。超一流のプロ数は限られていますので、下流になるほど『素人』により近い人々が関わらざるを得ません。」

そこにはすでにふれたように、放射線量のレベルの問題があるものの、そうした原子炉のメンテナンスには熟練作業員の存在が必要不可欠である。にもかかわらず、熟練者になるほど放射線量のレベルが高くなり、必然、放射線の関係上、「二時間ほどの講習」を受けた素人作業者のやりくりで行うしかない深刻な問題があることを浅川は指摘する。

さらに問題は、定期点検中の検査に当たる作業者たちもまた「経済産業省の外郭団体から派遣された……素人であり、決められた手順どおりに検査するだけで……検査される側としてきわめて与しやすい相手」であったと指摘される。この点については、原発稼働の経験をもつ元東京電力社員たちの本音とも取れる発言がマスコミで紹介されたりもした。

そのような放射線量の関係があるなら、ロボットなど機器によるメンテナンスシステムが開発され導入されたはずではなかったのか。浅川はこの点について、ロボットなどの導入を阻んだ構造を「なぜ、人がやれば危険があることを承知していながら、自動化しようとしないのか。それは、自動化が『新しいやり方』だから。原子力村では、既存のやり方を踏襲するのが大前提。……原発ロボットが日本で開発されてこなかった最大の原因は、利権確保を目的としたガチガチの保守性、閉鎖性」であったとみる。

浅川の指摘は、電力会社の経営感覚と体質を問題視しているだけではなく、日本社会にある社会階層性から生じた構造問題の存在を示唆している。つまり、それは三K—危険、厳しい、きつい—の作業については、下請け依存体質からくる構造的問題でもあった。この意味では、浅川のいうように、現場に精通する作業員から電力会社にきちんと意見が上がるようなシステム構築が不可欠であった。今回の事故収束作業において、あまりにも試行錯誤的な取り組みが多かったのは、従来から現場の実態を知らないトップダウン型のやり方への反省がなかった、とみる浅川の見方は説得的である。

電力会社の経営体質、さらにはそれを許容してきた日本社会の体質こそが、今回の大惨事を引き起こした。それは今回の原発事故において、誰も法的責任を取っていないことにも如実に現れている。電力会社の法的責任、さらには賠償責任について、日本国民自らがきちんと明らかにしなければならない。でなければ、今回の原発事故については、国民すべてが一億総加害者であり、そして国民すべてが一億総被害者であったという構図ができあがってしまう。

それはまるで第二次世界大戦の敗戦処理を日本人自らで模索・実行できず、また、米国側との政治外交的な結果とはいえ、勝算のない無謀な戦争に国民を駆り立てた政治家や軍人などを、敗戦後において自らの手で裁くことができず、米国を中心とする占領軍による東京裁判でしか戦争を総括できなかった日本社会と同じ構図がそこにあるのではないだろうか。それはまさに日本のもう一つの敗戦であった。

そこには、原子力技術の暴走とそれを適切な時期に制御できなかった日本社会の構造があった。とりわけ、福島第一原発事故の発生からの一カ月あまりの間で明らかになったのは、危機対応における日本の官僚制度のぜい弱な構造であった。

事故発生からその行方を追い続けてきた朝日新聞特別報道部の依光隆明は『プロメテウスの

罠―明かされなかった福島原発事故の真実―』の最後で、菅直人首相など官邸周辺の事故対応へ厳しい批判が繰り広げられるなかで、「優秀」といわれてきたわが国の官僚機構のお粗末さをつぎのように指摘する。

「例えば現地本部に行かない官僚がたくさんいた。官邸と各省庁の連絡体制性もお粗末だし、SPEEDIは省庁が責任のなすり合い。ひょっとすると官僚機構自体が潰れているのではないか。……予想通りというべきか、情けないことにというべきか、官僚機構の無責任さは次々と明らかになった。官僚を使うべき政治家の空回りも明らかになった。官邸に置かれた対策本部に原発の図面はなく、情報も入らない。事務局の動きは本部に伝わらず、いつの間にか事務局長（保安院院長―引用者注）も官邸から消えた。官僚を見限った首相は出身大学の関係者を呼び、アドバイスを求める。そして責任の押し付け合い、極言すれば国家の中心が機能不全におちいっていた。

中枢の機能不全によって大きな影響を被ったのは浪江町の山間部から飯館村にかけての人々だった。放射性物資の襲来をSPEEDIが予測したにもかかわらず、政府はそれを認識すらしなかった。国民に伝わった唯一のメッセージは、『ただちに影響はない』。……オウム返しのように安心を唱え続ける政府が機能不全だったとしたら、住民は救われない。」

原子力工学の小出裕章もまた、原子力発電をめぐる構造を問題視する。小出は、原子力発電所の安全性を中立的にきちんと審査してきたはずの「専門家」が、それまでの原発関連事故の原因を徹底的に究明せず、他方で自分たちが安全であると判断を下した責任について何も言及しないことを批判する。小出は今回の事故の真の背景について、原子力発電をめぐるそうした無責任体制の官僚組織のあり方自体に原因を求めた。

原子力行政において、官僚組織が作り出した審議会―場合により委員会―などという中立的語感を持つ組織に専門家たちを集め、その権威的お墨付きを得た上で自分たちの意思を通す構造とは一体何であるのか。

むろん、そこには異なる意見と判断材料を持つ専門家たちも形式的には招待されてきた。だが、そうした人たちの数は、審議会の結論を覆させる人数には決してならない。そこにあったのは、いわゆる「ぐるみ」の思想である。(*) 経産省ぐるみ、原子力安全委員会ぐるみ、保安院ぐるみ、電力業界ぐるみというわけである。

「ぐるみ」を推進してきた官僚組織機構はなにも経産省などだけではなかった。それは地域独占のなかで役所以上に官僚組織化した電力会社の人びとの硬直化した内的精神の中にもあったのである。

この構造は、戦前の官僚国家であった日本の敗戦後の混乱の姿であり、それがいまに至るまで幸運なこと―実際には不幸である―に表面化しなかっただけであった。福島後の日本社会で問われているのは硬直化した官僚国家としての日本の姿でもある。

官僚国家は、国民の知恵や行動に信を置かず、官僚たちの選良意識と専門性にのみ信を置き、自分たちの狭いインターサークルのなかで情報を共有することで外部に対して権威を保ってきた歴史性を持っている。この官僚性のもつ選良意識は、情報の閉鎖性と閉鎖意識によって保持・拡大されてきた。

健全な社会組織とは、いうまでもなく情報の開放性と知恵を広く一般に求め、交換すること

＊「ぐるみ」の思想―詳細は寺岡寛『日本の中小企業政策』有斐閣（一九九七年）を参照。

によってのみ成立する。開かれた社会は、重要な情報をただちに知ることのできる健全な「情報公開法」と、政府の意思決定過程を記録・公開することを求めた「公文書管理法」を前提にしている。福島第一原発事故の教訓は情報公開という面でも今後生かされなければならない。

福島原子力発電所事故をめぐる日米政府、とりわけ米国政府の動きから丹念に対応状況を追ったジャーナリストの船橋洋一から伝わるメッセージは、単に民間電力会社の原子力発電事業に対するマネジメント能力の低さ以上に、日本政府のガバナビリティーのあり方そのものへの問いかけである。原子力発電を制御できる能力を欠いた電力会社以上に、原子力政策を管理できない日本政府とその官僚機構のあり方そのものが問われた。

船橋は『カウントダウン・メルトダウン』で、当初から米国政府の関係者―原子力艦艇を保有する海軍関係者も含め―が福島第一原発事故を「東日本全体が壊滅する」きわめて深刻な事態ととらえていたことと、日本政府の当事者能力の無さに苛立ち、国務省は当時の藤崎駐米大使を呼び、日本政府の菅直人首相や東京電力のトップたちがはたして原発事故に関する正確な情報を得ているのかどうかを疑問視していたことを紹介している。

その結果、米国の原子力規制委員会（ＮＲＣ）の原子力発電の現場もよく知るたたき上げのチャールズ・カストーが東京に派遣された。だが、東電関係者と接触しているなかでカストーがやる気が萎えていったことをつぎのように伝えている。

「カストーはその後、東電の管理職の人々と接触するにつれ、当初の『何としてでも東電を救ってやらなければならない』といった気持は萎えていった。東電は彼を無視したし、非協力的だった。放水作業が決定的に重要なときに、なお電源復旧を優先させようとしていることが理解できなかった。」

東電側からすれば、米国の規制機関関係者から指示されることへの不愉快感があったことを十分考慮に入れても、東電本店の関係者に原子力発電そのもののマネジメント能力の不足があったことは否めない。それは現場の関係者が一刻も猶予のない極限状況の下で、自らの判断と生命をかけて放水による冷却作業に当らざるを得なかったことからも理解できよう。

第一章　福島後の日本経済論

電力会社の課題

1

労働災害には、「ハインリッヒの法則」がある。この「法則」は、「一件」の重大な事故の背後には「二九件」の小さな事故があり、その背後にはさらに「三〇〇件」の見落としのようなささいな事柄――いわゆる「ヒヤリ」や「ハッと」とした経験――があることを示す。この名称は米国の損害保険会社の調査部長ハーバート・ハインリッヒ（一八八六～一九六二）の名前に由来する。

損害保険会社は、事故がなければ損害保険額を支払う必要はない。事故発生の有無や頻度が損害保険会社の経営を左右する。ハインリッヒの調査の狙いもそこにあった。ハインリッヒは、調査対象の工場で発生した労働災害を統計的に丹念に分析した。その結果、彼はちょっとした不注意に由来する事故に気づくことの重要性に着目した。

つまり、ささいな事故に最初の段階で気づいておれば――初動対応――、大災害を防止できる。契約者が小さなヒヤリ事故などに気づいてくれさえすれば、損害保険会社も大惨事による巨額の損害保険負担から逃れることができる。

このことは小さなヒヤリ事故などを隠蔽するのではなく、そうした事故を多くの人たちが共有することで大惨事を回避できることを示唆する。日本のみならず、世界の原子力発電所に関わる大きな事故は、そのようなささいな異常を無視したがために最終的に起きたことを考えれば、原子力発電所事故のように地理的にも世代的にも広範囲に影響を及ぼす取り返しのつかない大惨事につながる場合には、ささいなトラブルであっても、「ハインリッヒの法則」の教訓の下で真剣に向き合う必要性があった。

日本に限っても、原発停止による検査、さらには修理によるコストアップを避けるために小さな事故やトラブルを隠蔽し、最終的に途方もない社会的費用を日本社会全体に及ぼした原発事故の歴史は、地域住民や研究者などが原発の停止などを求める行政訴訟や民事訴訟の歴史でもあった。

主な原発訴訟を振り返っても、四国電力の伊方原発第一号機の設定許可取り消しを求めた昭和四八［一九七三］年八月の松山地裁提訴がある。この提訴では、原子炉にかかわる技術―蒸気発生装置、圧力容器、一次冷却系配管など―の危険性だけではなく、炉心燃料の管理や地震への脆弱性などが研究者からも指摘されていた。

この三八年ほど後に現実となった今回の原発事故からみれば、原子力発電所の安全面における問題点は、伊方原発訴訟の争点にほぼ網羅されていたのではあるまいか。

この訴訟は、その四年半後に松山地裁で棄却された。原告側は高松高裁に控訴し、その後に起きた米国スリーマイル島原発事故による原子力への安全性見直しが実施されることが予期された。しかしながら、昭和五九［一九八四］年に棄却された。伊方原発提訴は最高裁まで争われ、その後、チェルノブイリ原発事故への世界的関心が高まったものの、平成四［一九九二］年に棄却された。

そうした経緯を辿った伊方原発設置許可取り消し訴訟と並行して、福島第二原発第一号機の設置許可取り消しを求めた訴訟があった。昭和五九［一九八四］年七月の福島地裁提訴である。しかし、伊方原発と同様に仙台高裁、最高裁で棄却された。

行政訴訟(*)ということでは、その後も東海原発第二号機、もんじゅ、柏崎刈羽原発第一号機、伊方原発第二号機、核燃料処理では青森のウラン濃縮施設、低レベル放射性廃棄物処分施設や再処理施設に関して設置許可、事業許可などの取り消しを求める訴訟をめぐって係争が続いた。

他方、建設・運転停止を求める民事訴訟では、東北電力女川原発第一・第二号機、北陸電力志賀原発第一・第二号機、北海道電力泊原発第一・第二号機、中部電力浜岡第一〜第四号機、中国電力島根原発第一・第二号機、建設中の電源開発の大間原子炉の提訴がある。

これら一連の原発訴訟で少なくとも明らかになったのは、電力会社側の原子力発電所内でのトラブルや事故隠しの「体質」であった。つまり、原子力発電所内のトラブルにもかかわらず運転を継続させ、あるいは、根本的な改善などを行わず、とりあえずは応急的としか思われないような処理を行い、急いで運転を再開していた事実である。神戸淡路大震災やその後の中越沖地震が引き起こした深刻な被害に対しても、きちんとした対応策を立ててなかったことである――むろん、これについては見解が分かれた――。いずれにせよ、災害時での原子炉への組織的な対応を欠いた電力会社の姿勢が問題視された。

長年にわたって原発訴訟に関与してきた弁護士の海渡雄一は、『原発訴訟』で将来予想され

＊行政訴訟――行政上の法律に関するものであり、特に裁判所が行う手続きは行政訴訟とよばれる。つまり、政府や地方自治体など公権力の行使の適法性を争う訴訟である。通常、取り消し、変更などが求められる。

る東海地震に対してあまりにも脆弱な浜岡原発の危険性に言及した上で、新潟県の中越沖地震によって大きな被害を受けた柏崎原発の事故(*)から学ぼうとしない電力会社を含めた「原子力ムラ」の関係者へ強い怒りを込めて、問題点をつぎのように指摘する。

「地震の規模はM六・八、強い揺れは時間にしてわずか十数秒程度のものだった。三号機の変圧器では火災が発生し、二時間に渡って黒煙を上げ燃え続けた。建物の陥没によって油が漏れたためである。地震時には、緊急対策センターのドアが曲がったため、入室できず……五号機において、燃料集合体の一つが燃料支持金具から外れていた。……六号機でも、制御棒二本が一時引き抜けなくなった。……今から考えれば、中越沖地震こそが福島で起きたことの序曲であり、これに的確に対応していれば、福島の悲劇を未然に防ぐことができた可能性がある。」

地震への対応については、活断層(**)の問題もあり、わが国の原発立地上、最優先で安全面への最大考慮が為されなければならない課題である。地震の揺れの大きさにより原子炉のみならず、福島原発でも明らかになったように、その周辺の再循環系配管や装置などにトラブルが出れば大惨事になる。

今回の地震で甚大な被害を受けなかったものの、福島第二原発の第三号機は昭和六四［一九八九］年の元旦夕刻に再循環系ポンプに強い振動が起きたにもかかわらず、そのまま五日間も運転が継続され、ようやく翌日になり運転が停止された。東京電力は再循環用ポンプの交換ではなく、応急修理だけで運転再開を行おうとしたことで、海渡たちは商法の規定にしたがって、株主は「取締役の違法行為差し止め」請求を東京地裁に行っている。

結局のところ、東京電力は翌年に運転再開に踏み切った。東京電力のこの種のトラブル隠し

＊中越沖地震は平成一九［二〇〇七］年七月一六日に発生。柏崎刈羽原子力発電所内のすべての原子炉が緊急停止（スクラム）。三号機横の変圧器から出火、この黒煙はテレビでも放映された。職員は原子炉の対応に追われ、消化活動にまで手が回らなかったといわれる。もっとも、消火栓の水は出ず、発電所内消防隊の対応も遅れた。結局のところ、二時間ほど後に、地元消防隊が駆け付け消火した。この事故によって、原子力発電所の緊急時の対応策の問題点が浮き彫りになった。

＊＊活断層―いまから百数十万年間―地質年代区分では第四期後半―にずれたことがあり、将来も活動する可能性がある地層である。断層とは地中のある面を境に地盤の相対的なずれをいう。長さは長いもので数百キロメートルに及ぶものもある。こうした断層が動くことで蓄積されたひずみが解放され、地震が発生すると考えられている。

については、福島第一原子力発電所、同第二発電所、柏崎刈羽発電所の原発計一三機の自主点検記録に改ざんがあった。深刻な問題は東京電力だけではなく、内部告発でそのような事実を知っていながらも、きちんとした立入検査もせず運転再開を認めていた原子力安全・保安院など政府機関のあり方である。

将来、取り返しのつかない大事故を招くことが予想されたトラブルなどがきちんと調査・報告されず、また、内部告発によるトラブルの発生を知りながら、監視機関である原子力安全・保安院も徹底的な原因究明を行わず安易に運転再開を認めていた。にもかかわらず、関係者のだれも刑事告訴などを受けることはなかった。「ハインリッヒの法則」はいとも簡単に打ち捨てられ、誰も責任をとることがなかったわが国の原子力行政そのものの敗北の姿がそこにある。

この問題は単に原発周辺の地域住民の被曝だけではなく、一旦、事故が起きればその収束にあたる現場作業員の被曝にかかわる課題でもある。朝日新聞は平成二四［二〇一二］年一二月朝刊トップ記事で福島第一原発事故の復旧にあたった作業員の「甲状腺被曝、最高一・二万ミリシーベルト」を報じた。

同記事は「一般的に甲状腺がんのリスクが増えるとされる一〇〇ミリシーベルトを超えた作業員は少なくとも一七八人いた。東電はこれまで、作業員の甲状腺被曝の詳細を公表しておらず、世界保健機関（ＷＨＯ）の求めに応じて報告していた」とした。さらに、同記事は原発事故から一週間後の復旧作業のなか、すでに被曝量の多い作業員を抱えていた責任者と作業員の増員をめぐって戸惑っている東電本店との間のやりとりも紹介しつつ、当時の状況をつぎのように報じている。

「被曝線量の測定もずさんだった。東電は、社員だけでなく元請けや下請け作業員にも、

この活断層と原子力発電所立地との関係については、四国の伊方原発訴訟でも取り上げられていた争点の一つでもあったものの、原発関係者はこの問題を重要視していなかった。地震研究の進展もあるが、日本では一九六〇年代末から、地震学者の間でも活断層と地震との関係が注目されるようになった。その後の研究で日本列島にはあちこちに多くの活断層が発見されるようになった。

わたしたちは、現在の原発再稼働問題でもすでに原発が立地している場所に活断層があることをどのように考えるべきか。たとえば、愛媛県の伊方原発周辺には、安芸灘・伊予灘・豊後水道の活断層、日向灘の活断層などが走っている。さらには、中央構造線断層帯、南海トラフ、別府・万年山断層帯が走っている。政府は今後三〇年以内に南海トラフ地震―マグニチュード八～九クラス―などの発生確率を六〇～七〇％としている。

警報付きの電子個人線量計（ＡＰＤ）を貸し出したが、昨年三月中は全員にはＡＰＤを持たせていなかった。このため、代表者しか持たせてもらえなかった作業班が続出、線量計が一個の班は、全員が同じ線量を記録された。こうした作業員が四割を占める。……甲状腺の被曝線量について、東電は、関連企業の社員の大半にはまだ通知していない。国への届け出義務はなく、国も東電に対応を任せている。東電は全員に五〇ミリシーベルト以上被曝した作業員は、甲状腺の超音波検診を無料で受けられる態勢を整えつつある。」

当時、原発事故現場での混乱と大事故へのそうした不十分な対応態勢の下で、現場作業員の健康管理がずさんであったことは、従来から東電など原子力発電所を持つ日本の電力会社が被曝量低減のためのきちんとした体制を構築していなかったことを示唆している。福島原発事故以前にも、原発作業員の被曝による白血病などの労災認定をめぐっては、下請会社あるいは孫請会社の作業員への電力会社の体質が問題視されてきた。

福島第一原発でも、一九七〇年代後半に作業にあたった配管工がその二〇年後に多発性骨髄腫を発症し、原発現場での作業中の被曝との因果関係が認められ労災認定が下され、東電との間に損害賠償請求を求める訴訟が起こされた。

だが、東京地裁の判断では、二〇〇ミリシーベルト未満の被曝は多発性骨髄腫発症との因果関係は認められなかった。この訴訟はその後の東京高裁、最高裁でも控訴はいずれも棄却されている。

しかしながら、今回の福島第一原発の深刻な被曝被害は単に直接作業者たちだけではなく、その周辺住民や自衛隊員など広範囲に及んでいることを考慮しなければならない。今後、今回の原発事故が原因とみられる疾患を持つ人びとへの補償をめぐる原発事故訴訟が起こってくる

他方、原発推進を進めることはどのようなリスク管理の下で可能なのであろうか。

ことは目に見えている。

2

日本の電力会社は福島後の電力経営と原子力発電との関係をどのように考えているのだろうか。福島原発事故翌年の主要各社の『中間決算報告書』の内容をみておこう。

平成二三［二〇一一］年五月の政府の浜岡原子力発電所の停止要請を受けた中部電力は、株主向けの『第八九期中間報告書』（平成二四［二〇一二］年四月一日～九月三〇日）で浜岡原発停止による旧来の火力発電所の再稼働で対応したことによる火力燃料費の上昇があったものの、電気事業は燃料費調整額の増額や他電力会社への応援融通で連結経常収益がむしろ増加したと報告している。

中間報告書は浜岡原発の防波堤工事や強化扉・水密扉の防水構造扉工事といった津波対策工事に関しては、工期延長によって「当分の間、厳しい財務状況の継続が予想」されるとした。また、原子力以外の電力源へのシフトについては、新潟県上越火力発電所の営業運転―二三八万KW―にくわえ、静岡県清水でのメガソーラーの着工―八四〇万KW―にもふれている。なお、同社グループとしては、清水に加え、すでに二カ所のメガソーラー、四カ所の風力発電―今後さらに二カ所の設置―、二カ所のバイオマス発電(*)が行われていることを報告している。

北海道電力の場合、『第八九期中間報告書』で「泊発電所の長期停止による燃料費の大幅な増加などにより、当第二四半期は創業以来最大の損失となり、財務状況は一段と激しさを増しております。……泊発電所の安全対策につきましては、昨年実施した『緊急安全対策』に引き続き、防潮堤や免震重要棟の設置など『中長期的な対策』を計画的に進めております。泊発電

＊バイオマス―生態学では、生物現存（生物）量ともよばれる。生物や植物を新しいエネルギー資源として利用しようという動きが高まるなかで、とりわけ、再生可能な植物資源がエネルギー源として着目されるようになった。稲わら、製材くず、古材、薪炭、家庭ごみ、し尿、畜産廃棄物などを直接に燃やして、あるいは発酵させメタンガスやアルコールをつくり、それらをエネルギーに転換させることが開発されている。

所の一、二号機のストレステスト一次評価につきましては、原子力安全・保安院よりおおむね妥当との評価を受けました。今後、本年九月に発足した原子力規制委員会が定める新たな安全基準などに従い、安全確保に万全を期し、一日も早い泊発電所の再稼働を目指してまいります」と泊原発再稼働への姿勢を示している。

なお、ストレステスト(*)の一次評価については、前年の七月に現地調査を行った原子力安全・保安院がその二カ月後に審査結果を公表して、浸水対策などの防護措置の実施を促した経緯があった。

北海道電力は、『中間報告書』で電源確保に関して「支持碍子の耐震対策」や「移動発電機車の追加配備」は実施済みであるものの、「電気設備の浸水対策」、「発電所外部からの電力要求信頼工場」や「非常用発電機の配備」については平成二七年に目途をつける意向を示している。

冷却機能確保や浸水防止に関しては、「代替海水取入ポンプの確保」や「海水ポンプ電動機予備機の確保」は配備済みである一方、「発電所後背地高台への新規貯水設備の設置」は平成二六［二〇一四］年度の目途、「安全上重要な設備が設置されたエリアの浸水対策」は平成二五［二〇一三］年度の目途、「敷地海岸部への防潮堤の設置」は平成二六年度の目途とされた。

他方、福島第一原発で課題とされた水素爆発への対策は、「原子力格納容器フィルター付ベント設備の設置」と「事故時の指揮所（免震重要棟）の設置」は平成二七［二〇一五］年度の目途とされた。

大飯原発三号機と四号機を再稼働させた関西電力の場合、『第八九期中間報告書』で他の原発再稼働による火力燃料費の増加にふれつつ、「当社の収支については、原子力プランの再稼

＊ストレステスト―一般には耐久性試験のことである。原子力発電所との関係では、原子力発電所をもつEU（欧州連合諸国）がそれまでの安全基準を上回る事態―地震や津波、航空機の墜落、テロリストによる攻撃などによる被害―が発生した際の原子炉の安全性について、コンピュータ上のシミュレーションによって再確認するために導入した。国際原子力機関（IAEA）もまたEUのそうした動きを受けて、原子力発電をもつすべての国に対してストレステストの実施提言を採択している。

働遅延により火力燃料費が大幅に増加するなど、極めて厳しい状況が続いており、当上半期の決算は、過去最大の赤字となりました。また、中間配当については、収支状況が厳しいことに加え、経営環境が不透明であることなどから、実施しないことにいたしました」と報告し、「安全を最優先」した原発再稼働の必要性を訴えている。

原子力発電の安全性に関しては、とくにページを割き、地震・津波発生時の電源確保、冷却機能の確保、浸水対策、格納容器破損・水素爆発対策、管理・計装設備対策への取り組みを紹介している。

停止中の島根原発第一号機と第二号機を持つ中国電力の場合もまた、火力発電所などの原料費増加によって純損失を計上したことを報告している。

ストレステストの結果が原子力安全・保安院（当時）によって「妥当」の評価を受けたものの、再稼働時期が不透明となった伊方原発を持つ四国電力も、火力発電所の燃料費増加を理由に純損失決算となったことを報告している。

原子力発電所の災害対策に関しては、内海に面していることから海抜一〇メートルにある伊方原発は津波の影響は大きくないとしつつ、電源確保対策や冷却体制について説明をくわえている。地震への備えについては、中国電力独自の対策として耐震強度二倍の確保のための耐震補強工事や免震構造化した総合事務所の運用など安全面の強化が強調された。

大震災の被災地の復興問題を抱える東北電力の場合は、震災によって大きな被害を受けた石炭火力発電所の早期再開への取り組みを強調している。中間配当については見送られている。女川と東通原発については、同社は緊急時の訓練等の実施、冷却機能確保の多角化のため代替海水ポンプの配備、水素爆発防止の原子炉建屋のベント装置の設置などの対策を紹介している。

原発依存度の高い九州電力は「原子力発電所の運転再開が依然として不透明であること」から経営収支が悪化したことなどを理由に中間配当を見送っている。

同社は夏の電力需要増加に対応するため、廃止予定の火力発電所を運転再開させたことを報告している。原発については玄海原発への言及はなく、原子力発電の安全面への取り組みの強化など一般的な指摘にとどまっている。

原発敷地内にシームー岩盤中の割れ目にある薄い粘土層―が見つかった志賀原子力発電所をもつ四国電力の場合は、敷地の土壌の追加調査と一五メートルの津波への防潮堤・防潮壁の工事完成、水力発電所の新規開発を報告している。

他方、火力発電や原子力発電の製造企業―原子炉メーカー―についてみれば、東芝は株主向けの広報誌『二〇一二年増刊号』で二〇一二年度～一四年度の「経営方針」を明らかにしている。東芝はエネルギー分野では、火力発電部門についてはコンバインサイクル、インドでの石炭火力発電、タービン単体、海外設置の発電機器の更新・改修、原子力発電部門については福島第一原発の安定化への取り組みの継続、米国、中国での建設中の原子炉への取り組み状況、再生可能・新エネルギーでは地熱、風力、海流、太陽光、燃料電池などの分野に力を注ぐとしている。

日立は『第一四四期中間報告書』で電力事業について、韓国での北平火力発電所向けの蒸気タービン発電機二基、ポーランドの火力発電所向けの石炭発電設備について言及があるものの、原子力発電についての記述はない。

同様に、三菱重工の『平成二四年度中間報告書』で部門別で受注に関する「原動機」部門の概況で「前年同期に国内電力不足対応のガスタービンや台湾向け大型石炭発電プラントの受注があり、また、原子力発電プラントの定期検査工事等が減少したことにより、前年同期を下回った」と報告した。

原動機部門の営業利益については「前年同期に高採算案件が集中していたことや、原子力発電プラントの再稼働遅延による影響等により、前年同期を下回った」と報告している。ちなみに、三菱重工にとって原動機部門の売り上げ比率はきわめて大きく、原子力発電所などの定期検査など工事需要の減少がこの時期の中間決算に多大の影響を与えていた。

エネルギー問題

1

英国で先行した産業革命の本質は、「エネルギー革命」でもあった。それまでの自然エネルギーから石炭や石油といった高カロリーエネルギーへの転換によって、それまでの産業構造は一変していく。日本の場合、明治維新以降の産業革命で、重要な役割を果たしたのは電力開発であり、とりわけ水力発電の顕著な発達があった。

第二次大戦後の経済発展は、水力発電所に加え、石炭による火力発電所の建設によるエネルギー確保によって進められてきた。その後、エネルギー源が石炭から石油へと移行するにつれ、日本では高コストとなった炭鉱産業の衰退から、大量に安価に輸入しうる石油に大きく依存する経済構造が日本でも出来上がっていく。

では、その後、なぜ日本で原子力発電が導入されていくことになるのか。広島と長崎に原子爆弾が投下された被爆国の日本にとって、原子力エネルギーは単に「新しい」という理由だけで導入されたとも思えない。ましてや、昭和二九［一九五四］年三月に静岡県焼津港の遠洋マグロ漁船の第五福竜丸が、太平洋マーシャル群島ビキニ環礁での米軍の水爆実験による放射能で汚染され、乗組員の一人も被曝が原因で亡くなった。

当時の吉田首相の米国側への弱腰の抗議姿勢もあり、一般国民の不満と不安には大きいものがあった。東京から始まった原水爆実験反対の署名運動は、やがて広島や長崎だけではなく日本各地へ広まっていった。原水爆禁止運動や反原子力運動が高まっていく。

原水爆禁止運動の高まりの背景のさらに背後には、広島や長崎の原爆被害もまた国民にきちんと知らされていなかったことがあった。つまり、広島や長崎での被爆の現状が米軍占領下の報道規制によって、日本のみならず世界にも知らされていなかったことへの不満があった。その後、既述の第五福竜丸事件もあり、東京の主婦たちから始まった署名運動はやがて三三〇〇万人の署名を集め、大きく進展した。

昭和二九［一九五四］年には原水爆禁止署名運動全国協議会が結成された。翌年には広島で原水爆禁止世界大会が開催された。この大会には一四カ国からの参加者があった。反原子力の国民運動は大きな盛り上がりを見せていた。

にもかかわらず、この時期から日本での原子力の「平和利用」運動が読売新聞などを通じて展開されていく。原水爆禁止運動は、その後、米ソの冷戦の下で政党間の運動をめぐる対立もあり、原水爆禁止運動は分裂していく。結果として、一般国民を巻き込んだような運動はかつての輝きを失っていった。

他方、原子力の平和利用運動の背景には、当時の読売新聞社長の正力松太郎（一八八五～一九六九）—戦前は警察官僚、貴族院議員、A級戦犯指定・不起訴—の影響もあった。第五福竜丸が被曝した二日後には、中曽根康弘（一九一八～）などが提案者となり原子力予算案が衆議院に提出された。

被曝した第五福竜丸が帰港するのは、その一一日後であった。第五福竜丸事件の翌年には、原子力平和利用博覧会が開催され、この翌年に正力が初代の原子力委員会の委員長に就任した。

科学技術政策史研究会編（科学技術庁科学技術政策研究所監修）『日本の科学技術政策史』は、原子力委員会が海外からの発電用原子炉の導入の検討をすすめ、設立されたばかりの日本原子力発電株式会社が英国からコールダーホール改良型の導入を決定し、耐震設計の改良を加え昭和四一［一九六六］年七月に運転を開始し、他方で軽水炉の将来を見込んで米国から沸騰水型軽水炉を導入し、昭和三八［一九六三］年一〇月に発電を成功させたと紹介している。以後、順次、各電力会社は原子炉の導入に踏み切っていくことになる。

同書は、昭和四〇年代後半から五〇年代初頭にかけての日本の原子力発電の状況をつぎのように記している。

「技術的な面においても、原子力発電にとっては試練の時代となった。パイプの損傷や配管の応力腐食割れなどのトラブルが発生したために、この時期の原子力発電所の稼働率は四〇～五〇％程度に低下し、特に五二年度は我が国における史上最低の四一・八％となった。……沸騰水型炉においては、五二年二月に東京電力（株）福島第一原子力発電所一号炉で発見されたように、高温と低温の繰り返しによる配管の応力腐食割れに伴うヒビ割れが起こり、耐食性に優れた材料の採用、溶接方法の改善、冷却水の水質管理などの対策がとられた。」当初の原子力発電所はトラブル続きであった。そのため、「我が国の国情により適した日本型軽水炉の確立」を目的とする「改良型標準計画」の第一次計画、第二次計画、第三次計画が立案されることになる。同書はこれらの計画案についてつぎのように紹介している。

「第一次計画」――「五〇年度から五二年度にかけて実施され、格納容器の大型化などの改良により作業員の被ばく量の逓減、作業能率の向上」をはかること。

「第二次計画」――五三年度から五五年度にかけて、「沸騰水型の応力腐食割れ対策、負荷追従運転に必要な燃料の開発、加圧水型の蒸気発生器の改良による信頼性向上策の検討が行われ、これらの成果はその後建設されたプラントに順次生かされた。」

「第三次計画」――「五六年度から六〇年度にかけて……一三〇万KWの新型軽水炉の開発を目指して、負荷追従性の改良、信頼性、安全性のより一層の向上について検討され、従来の軽水炉に比べて、ウラン資源を一〇％節約ができるようになっている」こと。

原子炉の安全研究に関して、同書は五一年度からの日本原子力研究所を中心とする「原子炉施設等安全研究年次計画（五一年度~五五年度）」を紹介するとともに、トラブルによる運転停止回数の減少とプラント国産化率一〇〇％の達成に高い評価を下している。

原発事故に関しては、同書はスリーマイル島とチェルノブイリの事故を取り上げている。前者については「トラブルが発生しても直ちに原子炉を停止せず、自動調整しながら運転し続ける設計であったうえ、運転員の操作ミスなどが原因となって冷却水が大量に漏洩した」こと、後者については「ソ連独特の炉で、設計に問題があったこと、運転員の規則違反が重なったこと」を挙げており、その後の福島第一原発などで問題となる経年劣化の影響、地震や津波と原子炉設備などの関係についての記述はない。

同書は、ソ連のチェルノブイリ事故原因の一つとして、ソ連型原子炉—軍事技術の転用—の技術的問題を挙げている。だが、原子力技術史を振り返れば、米国の原子炉技術もまた軍事技術の面で先行し、その後民需への転用が意図されていたことにはふれていない。このように、敗戦後の日米同盟下の米国政府の強い意向の下での戦後のエネルギー政策、その後の石油、さらに原子力エネルギーへの転換が進むことになる。原子力エネルギーに関しても、米国型技術の導入の下で日本の原子力発電事業が進行していく。

それだけに米国スリーマイル島の事故原因、とりわけ、設計問題への詳細な言及があってしかるべきであった。その後、ＧＥの設計者などが当時の米国や日本で導入された沸騰水型原子炉の欠陥を明らかにしたことを考慮すると、なおさらその感が強くなる。

同書は、原子力政策の最重要課題となる核燃料サイクル、ウラン濃縮、使用済燃料の再処理、新型動力炉、高速増殖炉などについても取り上げている。だが、その取り組み状況だけを紹介し、当時でも、そして今後とも浮上することが予想されていた数々の問題についての具体的な記述はない。そうした一連の原子力政策の推進官庁の一つが同書の監修者の旧科学技術庁(＊)であったことを考えれば、踏み込んだ記述を期待する方が無理なのかもしれない。

2

わが国の原子力導入は、全く新しい技術への取り組みと考えられがちである。しかしながら、戦前では理化学研究所の仁科芳雄（一八九〇～一九五一）たちの原子核実験室が中心となってサイクロトロン（加速器）を完成させ、原子爆弾製造の可能性も探られていた。大きな成果—

＊科学技術庁は昭和三一［一九五六］年五月に設立され、原子力政策との関係では、総理府に設置されていた原子力局の移管によって日本の原子力政策の推進機関となる。その翼下に日本原子力研究所と原子燃料公社が特殊法人として設けられた。

ウラン濃縮技術—を出せないままに終戦を迎えた。

連合軍の占領下で、日本の原子力研究は全面的に禁止された。この背景には、原子力の開発がそもそも原爆製造など軍事目的のためであって、日本のこの面での潜在性を封じ込めようとする米国の軍事的な意図があったのは自明である。

米国の原爆開発については、広島型原爆—リトルボーイ—ではウランが、長崎型原爆—ファット・マン—ではプルトニウムが使われた。ウランについては、マンハッタン計画でウラン鉱山から採掘されたウランを濃縮し、他方でプルトニウムが製造された。原子力工学の小出裕章は、『脱原発のための平和学』でマンハッタン計画の技術目的などについてつぎのように指摘する。

「この計画には二つの道と三つの技術が必要であった。まず、初めにウラン鉱山からウランを採掘する。次に、燃えるウランだけを集める『濃縮』という技術。濃縮ウランで製造されたのが広島の原爆。もう一つが、プルトニウムを作るための道で、そのために最初に必要になるのが『原子炉』という技術。原子炉は原子力発電のための道具だと思い込まされているが、もともとはプルトニウムを作り出す道具として開発されたのである。原子炉の炉心で燃えるウランを核分裂させ、飛び出してくる大量の中性子を周囲にある燃えないウランに吸収させれば、自動的にプルトニウムが出来る単純な原理だ。そして、ウランに吸収されたプルトニウムを取り出すために開発されたのが『再処理』という技術だ。」

原子力発電に至る技術そのものが、基本的には軍事用の技術なのである。こうした核処理の過程で、核分裂できなかったウランは劣化ウラン弾というかたちで「処理」されてきた。いずれにせよ、原子力の平和利用というイデオロギーの背後には、ウラン濃縮—劣化ウランの生成

―、原子炉内での核分裂、再処理―減損ウランとプルトニウムの生成―という技術の確立過程に、原子力発電が埋め込まれた側面を見逃してはならない。

ちなみに、前述のサイクロトロンは東京湾に遺棄―米国側のどのような意思決定でそのような措置となったのは未だ不明とされる―されている。日本で原子力研究が解禁となるのは、昭和二七［一九五二］年の講和条約発効後であり、科学技術史家の吉岡斉は『新版・原子力の社会史―その日本的展開―』で、当時の伏見康治（一九〇九～二〇〇八）など物理学者の原子力研究制度確立をめぐる動きをつぎのように紹介している。

「原子力委員会を総理府に設置し、国家事業として進めるべきだとする伏見私案をめぐって、物理学者の間で白熱した論争が繰り広げられた。反対論者の最大の懸念は、現状において政府主導で日本の原子力研究が進められた場合、対米従属および研究統制のもとでの軍事がらみの開発となる危険性が高い、というものであった。」

科学者間の対立の背景には、朝鮮戦争の勃発による東西冷戦の始まりのなかで、日本が米国の軍事戦略、とりわけ核戦略に敗戦後の日本社会が巻き込まれる可能性を忌避したい多くの日本人の心情があった。

にもかかわらず、正力や昭和二八［一九五三］年末の訪米の際にカリフォルニア州バークレイの米国の原爆・水爆開発関係者のいるローレンス放射線研究所を見学した中曽根たちが中心となって、科学者たちの頭越しに米国依存の原子力発電事業を進めていくことになる。

吉岡は当時の状況を「中曽根はすぐれた政治臭覚によって、アメリカ原子力政策転換の絶好のタイミングをみごとにとらえ、野心的な政治家として原子力予算を提出したのであり、国際情勢にうとく、専門知識にも乏しい学術会議の物理学者たちの意向など、もともと眼中になかったのであろう」と当時の状況を振り返る。

ここでいう原子力政策の転換というのは、原子力技術の発展に意欲的な旧ソ連、原子力の商業利用を推進して他国への技術輸出に取り組んでいた英国に対抗して、当時の米国政府が原子力技術を日本側に積極的に移転することで、日本を米国の友好国として取り込むことを強く意識していたことである。

その後、わが国原子力産業の発展は、のちに「原子力ムラ」と名付けられるように米国を中心とする「国際」原子力体制の枠内で、電力会社、通産省、原子炉設計・製造企業(*)、こうした組織に忠実な学者・研究者グループからなる「ムラ」―インナーサークル―が形成されていった。

具体的には、米国のゼネラル・エレクトリック社（GE）とウェスティンハウス（WH）社からの技術導入によって、日本の原子力発電所が建設されていく。東京電力が前者の沸騰水型軽水炉、関西電力が後者の加圧水型軽水炉を選択し続けたのは、原子力ムラのなかのさらなるムラ―通産省の行政指導による電力・原子炉企業の棲み分け―である企業系列（企業集団）の力学に沿ったものであった。

沸騰水型は北海道電力、四国電力、九州電力、加圧水型は東北電力、中部電力、北海電力、北陸電力、中国電力で採用されていった。当時、日本は高度経済成長期であり、とりわけ一九七〇年代においては、日本のエネルギー消費は短期間に急拡大を遂げていた。急拡大する電力需要に応じるため、原子力発電所がぞくぞくと建設されていった。この時期、日本各地で二〇基が操業に入った。

一九七〇年代には二回にわたる石油危機―石油ショック―にもかかわらず、原子力発電所の

*旧財閥系企業も原子力産業の発展の可能性に注目し、昭和三〇［一九五五］年には三菱原子力委員会が組織され、旧三菱系企業二三社が参加している。翌年には日立製作所と昭和電工など一六社が参加し、東京原子力産業懇話会が組織された。同年には、旧住友財閥系企業一四社が住友原子力委員会、旧古川・川崎系の富士電機、川崎重工業、古川電気工業など二五社が第一原子力産業グループを組織した。旧財閥系企業の原子力事業への積極的な進出は注目してよい。吉岡斉『新版・原子力の社会史―その日本的展開―』朝日新聞出版（二〇一一年）。

建設が続行されたのは、資源小国・石油資源脆弱国＝日本というある種のイデオロギー効果が働いた結果であったことは否めない。前述の吉岡は、直接的背景には、当時の通産省の原子力発電重視のエネルギー政策と自省の権限拡大への強い政治的意図があったとみる。

事実、昭和五三［一九七八］年六月成立した「原子力基本法(**)」の改正によって、原子力船「むつ」の開発をめぐって原子力行政で大きく躓いた科学技術庁に代わって、通産省は許認可権で大きな権限を得る。原子力ムラの新しい「村長」となった通産省は原子力重視の行政指導を行った。吉岡はつぎのように指摘する。

「通産省は原子力産業の保護育成のために、沸騰水型軽水炉ＢＷＲと加圧水型軽水炉ＰＷＲをそれぞれ年平均一基程度ずつ建設するよう電力業界に要請し、電力業界がそれに応える形で九社による分担計画をつくり、それを実施してきたと考えられる。つまり電力会社は社会主義計画経済のノルマ達成の優等生であった。……だがそうした原子力発電事業の『直線的成長』は、何の困難もなしに進められたのではなかった。」

吉岡のいう「困難」とは、軽水炉の技術的未完成度そのものに起因するトラブル―熱伝達系の故障など―の続発など安全面での深刻な問題があったことを意味する。この問題は当初こそ隠蔽されたものの、その後、明らかになることによって地元住民などの原発の安全性への不安が増した。とりわけ、地権者や漁業権者の強い反対運動が起きた地域では、原発建設が困難となっていった。このために、電源三法(***)が導入された。

原発の安全性をめぐっては、四国電力の伊方原発―昭和四七［一九七二］年設置許可、翌年から建設工事着手―の技術的な安全面への不安から、原子炉設置許可処分取り消しを求める行政訴訟が起こされた。しかしながら、伊方原発訴訟は請求却下となった。その後、前述の深刻

＊＊原子力基本法―公布は昭和三〇［一九五五］年一二月である。第一条で「将来におけるエネルギー資源を確保し、学術の進歩と産業の振興とを図り、もつて人類社会の福祉と国民生活の水準向上とに寄与することを目的とする」、第二条では「平和利用の三原則」が掲げられた。

＊＊＊電源三法―電源開発促進税法、電源開発促進特別会計法、発電用施設周辺地域整備法。これらの一連の法制の目的は電源開発予定地域に対して補助金を交付して、発電所等の建設を促進することにあった。

なスリーマイル島原発の事故もあり、原発推進国の米国ですら原発の新たな建設がますます困難となっていく。

欧州諸国でも原発事故がもたらす深刻な影響を重く見て、原子力発電への根本的な見直しをする北欧スウェーデンなども出てきた。にもかかわらず、その後において、日本で安全面からの原発促進政策の見直しが考慮されなかったのは、原子力ムラの既得権構造の堅固さにあったといってよい。

3

原子力ムラというインナーサークルの下での原発事故の可能性について長年にわたって警鐘を鳴らし続けた物理学者の高木仁三郎（一九三八～二〇〇〇）は、最後の著作となった『原発事故はなぜくりかえすのか』で、日本の原子力行政と安全意識の問題点を取り上げている。

高木は、日本の原子力行政と原子力ムラについて、「議論なし、批判なし、思想なし」と特徴づけた。それはチェルノブイリ原発事故を起こした旧ソ連と同様に、「安全に関する文化意識」がそもそも当初から欠けていたとした。高木は自らの原子力技術者としての体験を振り返って、日本の「安全文化意識」についてつぎのように指摘した。

「私が若いころ、日本原子力事業という会社に入って痛感した現場の状況というのは、議論なし、批判なし、思想なし、だったと言えるでしょう。まず、議論なしが先です。本当に議論がないのです。私が日本の原子力産業に入ったのは一九六一年です。（中略）日本の原子力開発は、一九五四年に当時青年議員だった中曽根康弘氏が頑張って、だれもよくわからなかった原子力予算というのを通して、強引に原子力研究が始まったという、それ自身非常に不幸な歴史を持つのです。あるいは、非常に非文化的な歴史を持つとも言えるのです。……日本の原子力産業がいわば上からつくられました。」

ここでいう文化とは、原子力に関わる学者など専門家や行政官、あるいは監督官の個人としての最低限のモラルのあり方であると同時に、原子力ムラの組織のあり方でもあった。

高木は「議論なし、批判なし、思想なし」の「三ない主義」が外部に対して、「閉鎖的」「秘密主義」「独善的」である精神文化こそが、「原子力村」を形成させたとみる。原子力技術が米国の軍事技術から民間発電技術へと転用されたところに、安全性を軽視する文化のあり方があった。いずれにせよ、高木は、米国からの不十分な技術体系―とりわけ安全性―のまま導入された原子力発電が、「一層つぎはぎだらけというか、寄せ木細工のような形で、原子力という巨大な潜在的危険性の多いシステム」として導入されたことを問題視した。

こうした「三ない主義」の先に、高速増殖炉「もんじゅ」の深刻な事故と隠蔽の構造的問題があった。この翌年の平成八［一九九六］年一月にわが国が保有する原子炉のうち三〇基以上が立地するいわゆる「原発銀座」の新潟県、福島県、福井県の知事が、もんじゅ事故を踏まえて政府の原子力政策に不信感を示している。

技術的にも解決すべき点の多いプルサーマル計画や核燃料リサイクルについては、原発立地県の首長が、国民や地域住民の意見を十分に反映させるべきとする要望などを盛り込んだ「今後の原子力政策の進め方についての提言」を申し入れるなど、日本の従来の原子力政策がすでに曲がり角に差し掛かっていた。

政府もこの動きを重視せざるを得なかった。政府は、平成八［一九九六］年三月に、「国民的合意の形成に資するための場」として国民「各層から幅広い参加者を招聘、原子力委員は常時出席、出席者間の対話方式を採用」した原子力円卓会議を設置することになる。

　各地で開催された円卓会議の議事内容についても、公開されることになった。先に紹介した高木も招聘されている。にもかかわらず、高木がわが国の原子力行政や原子力産業における「三ない主義」を一貫して主張してきたのは、その後の「やらせメール事件」に象徴化されたように、政府や電力会社の感覚そのものが麻痺した無意識といってもよい、介入意識のない「介入」があったことからも理解できよう。

　二〇〇〇年代に入ってから、北海道電力泊原発、東北電力女川原発、中部電力浜岡原発、四国電力伊方原発、九州電力玄海原発について、耐震安全性に関する住民説明会、シンポジウムなどが開催されてきた。こうしたシンポジウムでは、政府の保安院などの働きかけで、電力会社などの関係者、電力会社の要請で関連会社や協力会社の関係者が直接、あるいは間接的―電子メールなど―に参加していたことが判明した。

　実際には「国民各層から幅広い参加者が招聘」されていなかったことが明らかとなり、国民各層から厳しい批判を受けることになる。それぞれの地域の独占企業として、独善的な意識が長年にわたって電力会社に巣食ってきたすえに出来上がった思い上がりともいえる尊大な意識が、そこにあった。

　ナトリウム漏洩という一歩間違えば取り返しのない巨大事故を起こす可能性のあった高速増殖炉「もんじゅ」については、立地地域の住民だけではなく、専門家である原子力技術者などもその技術的な問題を指摘するなど大きな議論を呼んでいた。

　当時の福井県知事は、第九回原子力円卓会議において原理力委員会に対し、もんじゅのあり方を検討する組織の設置を提案している。その結果、平成九［一九九七］年二月に「高速増殖炉懇談会」が発足した。このメンバーをみても、さまざまな分野の原子力技術者や異なる技術的所見をもつ研究者が招聘されたわけではない。原子力技術等に関しては素人同然のいわゆるお茶の間文化人を含め、最初から高速増殖炉の運転再開を前提とする委員による会議であったと批判されても仕方がないような陣容であった。

エネルギー政策

1

日本政府のエネルギー政策は、戦後の電力源として石炭から石油への化石燃料の転換から、さらには温室効果ガス削減のためのクリーンなエネルギー源と低廉なコストというイデオロギーの拡張によって、原子力発電への依存度を高める方向に沿って進められてきた。

スリーマイル島原発事故によって新規の原発立地が停止した米国、ソ連のチェルノブイリ原発事故で、原発の安全性と環境保護から原発への批判が続いたドイツなどと比較して、日本は一九八〇年代にも新たに一六基の原発の運転が開始され、さらに一九九〇年代にも新設が相次ぐなど、世界とは全く対照的な動きを見せた。

環境負荷という面では、世界各国の政治外交上の思惑が錯綜するなかで、地球温暖化という現象が、科学理論的にも実態的にも、その単一原因を実証するにはそれなりの期間を要するテーマであるにもかかわらず、環境問題が外交・政治の場に持ち込まれた。とりわけ、英国の国内政治ではサッチャー政権と炭鉱労働者との深刻な対立の下で、石炭のような化石エネルギーが環境問題を悪化させるとされ、クリーンな代替エネルギーとして原子力エネルギーが強調されてもいた。

他方、日本で石油ショックの勃発によって強調されたのは「資源小国」というイデオロギーであった。「資源小国」でのエネルギー確保や地球温暖化の「原因」＝温室効果ガス削減において、原子力エネルギーの優位性が主張された。

しかしながら、福島第一原発事故による放射能汚染が環境に致命的な影響を与えたことで、そうした見方にも赤信号がともった。原子力発電コストについても、使用済み核燃料の処理コスト、運転終了後の廃炉コストを含めれば、その実質コストは巨額に達することが問題視されるようになった。

原子力発電に関するさまざまな費用を考慮に入れた総コストを考慮すれば、燃料効率を技術的進歩によって高めてきた火力発電所のコストと比較する必要がある。また、原子力発電所の建設の初期コストそのものが高いことも検討しなければならない。

必然、初期コストの高い原子力発電所の場合、電力需要の変化によって稼働率が低下すれば、電力会社の収益をたちまち悪化させる。それゆえに、原子力発電所の事故やトラブルが隠蔽された背景には、原子力発電の高コスト構造があった。

さらに、電力供給をめぐる世界的な規制緩和と電力自由化の動きもある。通産省も一九九〇年代後半には電力自由化政策の導入を検討することになる。この流れは自然エネルギーを含む代替エネルギーの開発と利用を促す(＊)とともに、卸売電力の競争入札制度や企業など大口需要家に対する売電事業の自由化、発送電分離などの動きを加速させつつあった。

＊代替エネルギー開発・利用の促進には供給者や需要者双方

電力の卸売事業には、鉄鋼や石油関連企業が新規参入した。日本の製造業の競争力低下と空洞化によって割高となりすぎた電気料金の引き下げを求める声も産業界からも強くなった。こうした動きは日本の地域独占を許されてきた各電力会社のコスト構造に大きな影響を及ぼし始めた。とりわけ、初期建設コスト等が高くなった原発の新設は抑制せざるをえなくなる。

だが、原発の新設云々以前に、既設原発について負担すべきコストもある。電力会社や政府は福島第一原発などの廃炉—人が現在の技術の下では近づくことのできない溶け落ちた核燃料なども含め—、すでに耐用年数が終わり廃炉作業中の原発、今後、廃炉が予定されている原発など、さらには使用済みの核燃料の処理などに長期間にわたり巨額の費用が発生する。エネルギーを生み出すセクターが「動脈産業」であるとすれば、廃炉や使用済み核燃料の処理は「静脈産業」である(**)。

今後、日本経済において、静脈産業をエネルギー政策の観点からどのようにして位置付けるのかが、動脈産業における電力自由化以上に重要な課題となりつつある。福島原発事故の初期段階で来日したフランスの原子力企業のトップが、今後、確実に増え続ける汚染水などの放射能汚染処理プラントなどに言及しているのは、フランスだけではなく、米国や英国もまた静脈産業としての原子力産業は超長期にわたって、国境を越えた利権構造の下で安定したビジネスとみているからにほかならない。

今後の日本経済にとって、後述の放射線医療の充実とともに静脈産業としての原子力産業の健全な方向を、わたしたち自身が見据えなければならない時期にきている。

への補助金、また、ドイツのように炭素税、あるいは温室効果ガスの排出量取引制度の積極的な導入などが必要であるが、日本政府はこの面で欧州諸国と比較して積極的であったとは言い難い。

**レアメタルなど自然資源の枯渇や環境問題の悪化から、従来のゴミ処理だけではなく、産業廃棄物などの回収と再利用—、リサイクル、リユース—などを行う関連産業を「静脈」にたとえた。産業廃棄物の処理法制の強化やリサイクルを促進する法律の制定により、日本でも静脈産業の重要性が認識されるようになった。

2

電力自由化の背景には、代替エネルギーの開発、電力会社間の競争促進への動きがあった。これらのことにより、電力料金が引き下げられることへの期待があった。

だが、電力自由化への一連の動きをみても、従来からその必要性が論議されてきたにもかかわらず、発送電分離は見送られてきた。また、原発コストに大きな影響を与える青森県六ヶ所村の再処理工場計画の存続問題─その後、平成一六［二〇〇四］年末に試験開始─もあり、電力自由化は停滞を余儀なくされた経緯もある。

電力自由化への動きがこのように停滞した背景には、米国の電力自由化の中で大きく成長したエンロン社[*]が二〇〇一年末に倒産したことの反作用的な側面がある。だが、同社の倒産は電力自由化だけに起因するのではなかった。同社は展望なき投機的な事業へと社業を多角化させたものの、その損失額が大きく、それを隠ぺいするための粉飾決算が、エンロン社の経営上の大きな足かせとなっていた。このことを見落とすべきではない。

エンロン事件の教訓からいえることは何であろうか。それは、発送電の分離と電力自由化だけが日本のエネルギーコストを引き下げ、消費者の便益を増進すると単純に考えることなどできないことである。その後、発送電分離への動きは平成一九［二〇〇七］年には事実上ストップする。

だが、福島第一原発事故の後、発送電分離問題が再々度浮上してきた。この課題については、経産省の有識者会議「電力改革専門委員会」は平成二四［二〇一二］年七月に「将来の電力システム改革」について発送電分離という基本方針をとりまとめている。同委員会は二つの対応

＊エンロン社の行き詰まりの背景と原因についてはつぎの拙著を参照。寺岡寛『恐慌型経済の時代─成熟体制への条件─』信山社、二〇一四年。

案を発表した。

具体的には、大口の事業者だけではなく、一般家庭利用者もまた料金によって供給者を自由に選択できることを前提に、具体的には送電網の運用を独立機関に委ねる「機能分離」案と、持ち株会社の下に発電会社と送電会社を設ける「法的分離」の二案である。これに対して、電力会社側は従前と同様に、季節や時間帯で電力重要が変動する度合いが強い「日本の特殊性」を強調して、電力安定供給論＝発送電一貫体制論を展開した。

そもそも、原子力発電も含めエネルギー問題は、すべての国民が現在と将来にわたって取り組まざるをえない最重要課題である。高木のいうように「三ない主義」で済ませられるものでは決してない。エネルギー問題は単に供給する側だけではなく、消費する側の問題でもある。そのかぎりにおいて、国民すべての問題であり課題なのである。

エネルギーの安定供給は、基本的かつ最終的にはエネルギー需要によって制約を受ける。この基本が忘れられてきたのは、石油、ウランや鉄鉱石のような鉱物資源、さらには穀物などの取引市場に投機資金が流れ込んだためでもあった。この背景には世界的なカネ余り現象があった。ただし、石油などの資源は単なる投機対象ではない。

とりわけ、二〇〇〇年代に入って、巨額の投機資金が資源市場へと流れ込み、石油などの価格が高騰した。やがて高騰した価格は、人びとの消費を抑制し世界経済を冷え込ませた。そのため、投機資金の動きにも一定のブレーキがかかった。仮需への投機といえども、最終的にはリーマンショック後の実需の落ち込むによって制約を受けたことは、その後の石油価格の低下が物語っている。

エネルギー価格とは、このように変動する。重要であるのは、エネルギー価格がもっぱら供給側によってのみ形成されるのではなく、すでにふれたように需要側によっても大きく規定されていることである。ゆえに、エネルギー問題は、わたしたちの消費生活―ライフスタイル―のあり方のことでもある。

ここでエネルギー消費に限らず、消費一般について考えておきたい。消費は個人（＝家計）と企業に分けてとらえておけば、つぎのようになる。

〈第一式〉個人の消費市場＝個人（＝家計）の消費額×人口総数

〈第二式〉企業の消費市場＝企業の消費額×企業総数

〈第一式〉では、日本の人口はすでに減少過程に入っているので、個人の消費額が一定あるいは、ある程度増加したとしても、消費市場そのものは日本では縮小する。むろん、その縮小度合いは消費の内容の変化によっても異なる。物的消費面ですでに飽和している高齢者の家計では、サービス面への支出を増加させる。だが、それはかつての物的消費面の低下を補うまでに拡大するとは考えられない。このように高齢化の進展は従来の消費パターンを変えていく。個人のエネルギー消費についても、個別単位と人口総数の双方において低下することが予想される。

同様に、今後のエネルギー市場は〈第二式〉の企業の動向によっても変化する。日本の場合、一般家庭と比べ、企業のエネルギー消費がさほど増加していないのは、単に景気の問題だけではない。それは欧州諸国と同様に、高エネルギー型の生産の場をもっぱらエネルギー価格などで有利な地域へと移転させることで、生産コストを抑制するような行動がみられたからである。

こうした傾向は今後も続くことが予想される。また、日本の場合は企業数の減少―廃業も含

＊オール電化を促してきたのは家電製品の普及にもある。かつて、食器洗いは手作業であったが、いまでは食器洗い機による。また、トイレも温水洗浄便座が普及した。食器洗い機は一日のなかで朝晩だけ使用頻度は多い。温水洗浄便座も電力消費量は必ずしも大きいものではないが、それでもこうした製品の普及は電力消費を拡大させてきた。一日の稼働率と消費電力ということでは電気冷蔵庫の存在が家庭での電力消費では大きい。

一般に家庭用エネルギーの用途別消費量では冷暖房、風呂・洗面・洗いものなどの給湯、調理などが過半を占め、それに自動車などの利用がある。家庭用電気機器は電力を

め—が今後も続く。一方で、国内の企業規模についても海外事業の進展によっていわゆるダウンサイジングが起こることが考えられ、個別事業所の単位のエネルギー消費も低下する。つまり、企業のエネルギー消費もまた低下する。

しかしながら、日本の場合、政府統計からみるかぎり、伸び悩んだ日本の名目ＧＤＰの期間である、いわゆる「失われた二〇年間」—デフレ経済—においても、日本社会のエネルギー消費は電力への依存度を高めつつ増加してきた事実がある。これには、わたしたちの生活スタイルそのもののあり方がある。

「オール電化(*)」による電力使用の生活という方向性が果して正しかったのかどうか。あるいは、街のあちこちにある自動販売機(**)—電力をかなり消費する温冷蔵庫を備えている—に加え、これまた街のあちこちにある二四時間営業などのコンビニエンスストアの増加による電力消費の拡大などによってもたらされてきたものなのかどうか。あるいは、常時使われているコンピュータ機器による電力消費の拡大もあるのかどうか。これらのエネルギー多消費のライフスタイルはエネルギー消費の面から再考する必要がある。

だからといって、やみくもに電力節約生活を強いるのではなく、きちんとしたデータ検証の上に立った実効可能な新たな生活スタイルの提案なくして、節電への努力は禁欲一辺倒のスローガンだけで持続的に行われるものではない。エネルギー需要というものは、わたしたちの生活そのものに確実に大きな影響を与える以上、エネルギー問題は企業活動や消費生活だけではなく、ライフスタイルそのものの問題である。

また、電力使用ピーク時に行われるイベントも他の開催時期に代替すれば、発電と消費の均衡をより効率的に保つことも可能である。夏時間制度(***)の採用なども必要である。こうしたやり

必要とするが、冷暖房機器、給湯器などは電力消費からすれば、電力を使うときの排熱を利用することで電力消費量を減少させることが可能である。ただし、この場合は個別の家庭ではなく地域のエネルギー利用システムの構築が不可欠となる。この意味では、エネルギーは単に経済問題ではなく、社会システム問題そのものである。

＊＊自動販売機—夏の電力需要ピーク時に自動販売機の電力消費に対する批判もあり、断熱性の高いウレタンの採用やドアの気密性の向上、さらには電力に余裕のある夜に全量を電力で冷却し、日中はそれを保冷剤として機能させ、全体の電力消費を抑制するなどの工夫も重ねられてきている。

＊＊＊夏時間（daylight saving time）—夏季の一定期間において、通常の時間を繰り上げることで学校や会社などの始業時刻と終業時刻を早め、電気使用量などを節約することなどを指す。

方は家庭などでの取り組みだけではなく、企業なども無人化技術や自動化技術の発達などによって、夜間電力を使った生産や夏季休暇のフレキシブルな活用による生産体制の採用など、働き方のスタイルを再考することで節電効果に繋げることも確実に可能になってきている。

そうしたなかで節電効果のある発光ダイオード技術を使ったＬＥＤ電球や機器も市場に導入されている。ＬＥＤ技術によるエネルギー消費の削減に加えて、個人や企業でのエネルギー効率の良い機器への買い替えを推し進めることも重要である。

このような省エネ意識の向上などへの真剣な取り組みが進めば、エネルギー消費を抑えていくことができる。生活スタイルの見直しとともに省エネ機器の採用をわたしたちがどのように選択するのかということが一層重要になる。と同時に、学校教育だけではなく社会教育としての省エネ教育が実施される必要もある。こうした面を等閑に付して、今後の日本経済の発展はむずかしい。

3

これからのエネルギー源については、その基準は安全面と費用面の双方から考えていく必要がある。世界のエネルギー供給—総発電量—の現状は、石炭を中心に、天然ガスと石油を加えると、これらのエネルギー源は全体の七〇％ほどを占める。

自然エネルギーということでは水力と風料などがエネルギー総使用量の二〇％ほどあるかないか、原子力が一三～一四％というところである。この比率は国によっても異なり、日米欧などでは原子力の比重は高い。こうしたなかで、日本や脱原発の方向にある欧州諸国では、今後のエネルギー源をどこに求めるのかが一層重要な課題である。

原子力発電に依存しない「脱原発」の方向性は、他方で安全で安定的なエネルギー源の確保があってはじめて可能になる。太陽光や風力などの自然エネルギーは安全性が高いものの、安定的供給能力をいかに確保するかがその普及においていまも鍵を握る。

日本の場合には、地域別の電力供給企業の独占度が高く、しかも送電事業においても地域内一社独占状況が、今回の福島原発事故で互いに電力を融通し合い、また自社で電力供給余力をもつ企業などから電力を受け取ることが困難であったことからもわかるように、きわめて硬直的な体制が続いてきた。この事実は改めて電力供給の地域独占体制の脆弱性を浮き彫りにした。このことは日本のエネルギー供給において、先送りされてきた発送電分離問題を改めてわたしたちに突きつけてきている。

このように日本の電力需要自体は、今後の人口減など国内市場の縮小とともに減少することに加え、いままで進展しなかった省エネへの取り組みによって、老朽化した原子炉や活断層の上に設置された危険性のきわめて高い原子炉を廃炉にしつつ、現実には、十二分に安全性が確保された原子炉を動かしながらその廃炉に向けてきちんとした筋道をつけることが、わたしたちの課題である。

そして、さまざまなエネルギー源を災害に強い分散的かつ効率的な方法で確保しながら、日本のエネルギー政策を推進していくことが一層重要になろう。分散というのは、単に日本国内だけではなく、発電の需給バランスを図るにはアジア近隣諸国―ロシア圏も含め―との電力のやりとりもまた北欧圏内や欧州諸国間のエネルギー政策の現状をみると、今後取り組むべき課題でもある。

原子力発電についてみれば、それは単に日本だけではなく世界各国に放射能汚染というかたちで被害をもたらしたわけで、また、韓国や中国で運転中の原子力発電所の事故が日本にも被害をもたらすのであり、今回の福島第一原発事故の教訓は十二分に生かされる必要がある。と同時に、電力会社の事業のありかたもまた見直される必要がある。

日本経済の方向

1

国民経済の国際競争力と成長力は、当該国のエネルギー価格に大きく影響されてきたし、また、今後もそうである。石油や最近では希少金属―レアメタル―などは資源外交という言葉がある通り、各国の思惑と外交―環境問題を含め―が交錯するなかで、より安定した資源やエネルギー確保がより重要視される。また、いままで大きな注目を浴びなかった風力、太陽光、地熱、潮力など、いわゆる自然再生エネルギーをいかに安定的に生み出すかにも注目が集まってきている。とりわけ、欧米諸国では、ドイツなどは二〇〇〇年代半ばに再生可能エネルギーの買い取り価格を高めに設定することで、家庭などでの太陽光パネルの設置などを促してきた。

太陽光発電に関しては、日本政府は住宅用太陽光パネルの設置については、わが国の石油ショック時の石油依存への反省もあり、当時から「サンシャイン計画(*)」などをスタートさせ、その後、積極的な補助金制度の導入によってむしろ欧米より早くに促進していたことで、日本メーカーの伸張が目立ったものの、その後、ドイツ、米国、中国の太陽光パネルメーカーが躍進

*サンシャイン計画―昭和四八［一九七三］年の第一次石油危機を受けて、太陽光、地熱、石炭のガス化・液化、水素製

してきて、日本メーカーの市場シェアが大きく浸食される結果となっている。

ただし、太陽光発電は導入地域の日照時間や降雨量によって大きく変動せざるをえず、その地域の主力電力となるには雨が少なく日照時間が長い砂漠地域は別として、とりわけ家庭などでの導入を促すには既述の補助金制度が必要なため、その普及には太陽光発電の買い取り価格をある程度高めに設定するインセンティブが必要である。

スペインのように太陽光発電の買い取り価格が政府財政を圧迫してきた事例もある。この意味では、後に述べるように、太陽光発電などは初期の補助金が撤廃されても、なおかつ持続性のあるエネルギー源として自立させていくには、その設置・維持コストをどのように引き下げていくかが今後とも重要な鍵を握っている。

ところで、エネルギー政策の調査研究に携わってきた井熊均は、『次世代エネルギーの最終戦略―使う側から変える未来―』でエネルギー政策にとって重要な政策理念をつぎのように整理する。

（一）「多様性」―石油依存のエネルギーシステムであれ、原子力に偏ったエネルギーシステムであれ、エネルギーシステムには多様性とバランスが必要であること。

（二）「持続性」―安心してエネルギーを使えることが必要である。

（三）「効率性」―「好きなだけエネルギーを使える方法などは存在しない、エネルギーをできるだけ効率的に、大切に使うことは、エネルギーシステムの基本である。」

（四）「透明性」―「エネルギーの世界には他の分野では考えられない不透明さがたくさんある。例えば、原子力発電所の相次ぐ停止の裏には不透明な政策に対する不信感がある。……震災当初の計画停電の際に、電力会社が需要状況を十分に把握していないこ

造など新エネルギー源についての通産省による研究開発計画を指す。

とには驚いた。……大震災が起こってようやく、電力会社がどれくらいの供給力を持っているかが知られるようになった。しかし、この瞬間に使っている電力の中に再生可能エネルギーがどのくらい入っているかは分からないし、電力の本当のコストがいくらなのかの情報も不足している。」

（五）「自律性」──「どんな事態が起きようと、短時間で自律的に回復できる機能が必要である」。

こうした五つのエネルギー政策理念から、改めて原子力発電をとらえ直してみると、「多様性」はあとでふれるとして、「持続性」、「効率性」や「自律性」を確立させるための「透明性」が日本のエネルギー政策において著しく欠如していたことが再確認できよう。それゆえに、福島第一原発事故の悲劇は、地震大国の日本において制御不能となる公算の強い原子力のような発電方法への大きな見直しを生んだ。

すでに指摘したことだが、自然災害に起因する原発事故は、福島第一原発が最初ではなかったことに留意しておいてよい。平成一九［二〇〇七］年七月一六日の午前に発生した新潟県中越沖地震─気象庁発表ではマグニチュード六・八、柏崎市付近で震度六強─によって、東京電力柏崎原子力発電所の原発七基のうち、三基が運転中、一基が起動準備中、三基が定期検査のため停止中であった。このうち、運転中と起動中の四基は冷却のための電源喪失のようなトラブルはなかったものの、地震の振動を感知して自動停止した。とはいえ、六号機の使用済核燃料プールの冷却水が海へ漏れ出てしまった。また、七号機からはヨウ素等の放射能が大気中に漏れる事故が起こった。

運転中の三号機のタービン建屋近くの変圧器が火災を起こしたが、ただちに消火されないままに、黒煙が二時間近く立ちのぼった。その光景は世界中にテレビ中継されたため、その衝撃的な画像をみた人たちも多いなかで、東京電力からの情報提供が遅れたことで、住民たちの不安をあおることになった。

その後、刈羽原発事故の検証で明らかになったのは、設計段階で想定された地震の強さをこえた地震の影響を受けたことであり、幸い、原子炉などには致命的な影響がなかったとされたものの、原子炉の耐震性については地震震度の強さを過小評価されて設定されていた事実であった。

この地震によって刈羽原発が稼働再開にまでの期間がきわめて長期にわたったことは、今後予想される地震の強さなどへの対応が容易に進まなかったことを示唆している。この教訓が生かされないままに、およそ三年八カ月後に福島第一原発事故が起きた。

2

今回の福島第一原発事故で日本の原子力産業はかつての米国と同様に、国内での原発を二〇二〇年までに九基、二〇三〇年までに一四基を新規に建設するというエネルギー政策の見直しを迫られることになった。

必然、国内市場の拡大に期待していた日本の原子炉メーカーは、原発輸出に活路を見出そうとしている。だが、日本において今回の原発事故の早急かつ適切な処理なしには、世界から信頼を得ることはきわめて困難である。原発ビジネスには高いリスクがともなうことはいうまでもないのである。

他方、「多様性」についてはどうであろうか。これを単に発電方法の「多様性」という面だけではなく、「分散性」という面からも見ておくと、いままでの原子力は大規模な発電所を電力利用の大きな消費地ではなく経済発展の遅れた地域に集中立地させてきた。

こうしたやり方は「効率性」からみれば、そこに送電ロス―純粋に送電途中で失われる電力だけではなく、長距離化した送電網の維持コストも高くなる―が生じることで、より大型の発電設備を必要とするというある種の悪循環があった。

こうした「多様性」や「効率性」からみれば、理想的には電力の消費者立地型の電源開発が望ましい。また、原材料立地という面では、火山国の日本では地熱利用からすれば、「国立公園法」の改訂が必要になる地方の観光地よりは大都市圏やその周辺での可能性も探られるべきである。

しかしながら、首都圏に発電所が立地することが、「多様性」や「効率性」からみて望ましい。にもかかわらず、なぜそうにはならなかったという点は、とりわけ、原子力発電の場合の安全面での「透明性」において、多くの人たちが疑心暗鬼になっていたことの証左ではなかったろうか。

分散的なエネルギー確保では、天然ガスや都市ガスなどを利用した小型のコジェネレーション(*)、一般家庭の太陽電池などの組み合わせによる地域エネルギー政策も必要となる。このような多様な分散型エネルギーシステムの必要性が指摘されてきた。にもかかわらず、大きな進展が見せなかったのは、もちろん、解決すべき技術的課題があったものの、こうしたシステムの持つコスト性であった。

それゆえに、先にみた太陽光発電や風力発電、北欧諸国などで注目されたバイオマスによる発電でもさまざまな取り組みがあった。しかしながら、国家資金がその研究開発と普及に投入

＊コジェネレーション―一般に、原動機のような内燃機関などの排熱を利用してエネルギー効率を高めようという方法を指す。北欧など寒冷地で暖房のための温水を作り出すと同時に発電するという方法でもあるが、日本では夏冬ともエ

されても、日本の地形や気候のために、ある程度の成功を収めた諸外国の事例のように、現在にいたるまで必ずしも大きな成果を挙げたとは言えない。とはいえ、エネルギー・コストはつねに相対的なものであり、他のエネルギー源との関係や技術革新によって大きく変化するのである。こうした取り組みは、日本経済における産業振興という点からも今後も粘り強く続けていく必要がある。

アコン依存の生活では、こうしたやり方は普及しにくい現状がある。

第二章　東京廃都と地方分散

1

東京一極集中

福島後の日本経済のあり方を改めて考え直すうえで明らかになったことは、東京中心—一極集中—経済のもつ脆弱性と危険性（リスク）への再考である。福島第一原発の事故が日本国民全体に大きな危機感を与えたのは、当日の風の向きによって首都圏を中心とする地域に放射能汚染という壊滅的な打撃を与え、「東京廃都」という最悪のシナリオによってそこに生活する三千万人近い人たちが避難民となる可能性であった。

このことは、日本という国家と社会の破綻を意味したはずであった。いま現在も、多くの日本人にとってこのことへの自覚と危機感がきわめて薄い。今回の原発事故について、喉元過ぎても熱さを忘れてはならない。

福島原発事故は、その当初、東京中心経済である日本経済に壊滅的打撃を与えることが誰にでも容易に予想された。東京周辺の住民だけではなく、日本各地の人々に戦慄が走った。日本人が営々と築いてきたさまざまなインフラだけではなく、個々人が築いてきた個人的資産が一夜にして放射能汚染という深刻な事態の下で無と化すことでもあった。当然ながら、円の価値は暴落し、日本経済は大きな試練に立たされることになった可能性もあった。わたしたちはチェルノブイリ原発事故から一体全体、何を学んでいたのだろうか。

取り返しのつかない大惨事を引き起こしたチェルノブイリ原発一基当たりの百万キロワットよりさらに大きな原子力発電設備をもつ日本において、原発事故は日本そのものの存在を根本的に揺さぶる。チェルノブイリ原発が立地する旧ソ連のウクライナは日本の国土の約一・六倍である。チェルノブイリ原発の引き起こした放射能汚染は日本国土の半分ほどに及んだ。

いまなお続くチェルノブイリ原発事故の終息作業の途方もない過程は、わたしたちの今回の福島原発事故の終息にむかって茨の道を指し示してもいる。放射能汚染の社会的コストは人びとの肉体的、精神的苦しみに加え、汚染への対応に要する巨額の財政負担を通じてわたしたちの社会に大きな代償を要求している。

早くから地震列島にある日本の原子力発電所が大きな事故を引き起こす可能性を示唆し続けたノンフィクションライターの広瀬隆は、チェルノブイリ原発事故の約五年前に『東京に原発を！』でその二年前の米国スリーマイル島の原発事故の実態も踏まえ、東海第二原発—東海村—事故を想定して、その場合、事故後一六時間以内の放射能汚染範囲が、東京を含む関東圏三〇〇〇万人に及ぶことを示し、つぎのように警鐘を鳴らしていた。

「とりわけ気がかりな日本の本質的欠陥は、地盤の弱さである。この地球上で、地震帯と火山帯の真上にこれほど大規模な原子炉をかかえる国は、勿論ほかに見当たらない。フィリピンに建設された原子力発電所は、かねてから活断層の上にあることが指摘され、アキノ政権が選挙公約通りに、〝使わず封鎖する〟ことを発表した。

活断層がなぜこわいかと言えば、地震によって生じる揺れが問題なのではなく、地面が消えてしまう恐怖があるからだ。活きている場合、地震の巨大なエネルギーによって片側の地面が落ち込むと、原子炉の建物ごとひっくり返り、内部は滅茶苦茶に破壊される。

すべての安全装置は、それを作動させる電気系統が切断された瞬間、無意味なものに変わる。あるいは、水を注入するためのパイプやシャワーが折れることによって、原子炉の暴走は食いとめようがなくなる。」

事実、そのようなことが福島第一原発で実際に起こったといわれ、いまもそのような高い可能性をもつ原発群が北陸地域にある。この場合、関東圏についで関西圏もまた危機的な状況に陥る。

広瀬は、自著の文庫版の「あとがき」―チェルノブイリ原発事故の半年後―で、「この問題を論ずるすべての出発点は、その被害者の苦痛にある。実は、ここに原子力の暗黒時代が訪れているのである。とりわけ子供たちと若者は、大人たちが自分の生命に危害を加えようとしている現実を透視し、ひとつの感情を持ってよい。知らされないからと言って、だまされてはいけない。五年後か十年後までに殺されるのは、あなたたちなのだ。その日は刻一刻と近づいている。日本の原子炉は暴走中である」と再度、警鐘を鳴らした。

いうまでもなく、放射線の影響は原発立地地域の狭い範囲にとどめるだけではない。放射線は目に見えず、臭いなども感じることがないだけに、わたしたちはその影響を限定的に考えやすい。

しかしながら、今回の原発事故によって大気や海水や地下水へと排出された核物質の発する放射線の影響は、長期間にわたって日本社会と世界全体に及ぼしつづけることを決して忘れてはならない。

2

福島第一原発事故対応に現場であたった関係者に丹念な取材を重ねたジャーナリストの門田隆将は、『死の淵を見た男―吉田昌郎と福島第一原発の五〇〇日―』で、「長時間に及んだ取材の中で、最も私の心に残ったのは、吉田が、想定していた『最悪の事態』について語ったことだった」として吉田所長へのインタビュー内容をつぎのように紹介している。

「格納容器が爆発すると、放射能が飛散し、放射線レベルが近づけないものになってしまうんです。ほかの原子炉の冷却も、当然、維持できなくなります。つまり、人間がアプローチできなくなる。福島第一原発にも近づけなくなりますから、全部でどれだけの炉心が溶けるかという最大を考えれば、第一と第二で計十基の原子炉がやられますから、単純に考えても、〝チェルノブイリ×一〇〟という数字が出ます。私は、その事態を考えながら、あの中で対応していました。だからこそ、現場の部下たちの凄さを思うんですよ。それを防ぐために、最後まで部下たちが突入を繰り返してくれたこと、そして、命を顧みずに駆けつけてくれた自衛隊をはじめ、沢山の人たちの勇気を称えたいんです。本当に福島の人に大変な被害をもたらしてしまったあの事故で、それでもさらに最悪の事態を回避するために奮闘してくれた人たちに、私は単なる感謝という言葉では表せないものを感じています。」

門田はこのインタビュー内容を当時の原子力安全委員会委員長の斑目春樹に伝えたところ、斑目はつぎのように語ったという。

「吉田さんはそこまで言ったんですか、……私は最悪の場合は、吉田さんの言う想定よりも、もっと大きくなった可能性があると思います。……そうなれば、日本は〝三分割〟されていたかもしれません。汚染によって住めなくなった地域と、それ以外の北海道や西日本の三つです。日本はあの時、三つに分かれるぎりぎりの状態だったかもしれないと、私は思っています。」

改めて、広瀬たちの警鐘から二五年後、それが今回の原発事故で現実となった。放射線被曝の危険を冒して、事故終息のために現場に踏みとどまった人たちへの感謝を、わたしたちは忘れてはならない。わたしたちは今回の原発事故が、不幸のなかでの幸運であった偶然を、記憶にとどめておくべきである。

今後も長期間にわたり、放射能汚染の影響に取り組まざるをえないわたしたちにとって、チェルノブイリ事故からも多くを学び直さなければならない。このことも頭と心に刻み込んでおく必要がある。

チェルノブイリ原発事故とその環境への影響について研究してきた化学物理学者のクリス・バズビーは『封印された「放射能」の恐怖―フクシマ事故で何人がガンになるのか―』で、福島第一原子力発電所から約三〇キロメートルを走行していた―事故後一〇〇日間―自動車のフィルターや個人の都内の住宅のエアコンフィルターに吸着した物質を分析し、その結果を報告している。

バズビーは飛散物質のなかから遺伝子に有害な影響を与えるとおもわれる物資を検出した。とりわけウランについて、「わたしの測定した車のエアーフィルターからは多量の濃縮ウランが見つかりました。それから考えると、ウランは日本の広域に飛散していると思われる」とした。

3

問題になるのは外部低線量被曝もさることながら、エアーフィルターにも健康に深刻な影響を及ぼす物質が確認されたように、内部低線量被曝であり、これが人間等動物のＤＮＡにダメージを与えることでガンや心臓病などの健康被害の可能性である。

健康被害は単に原子力発電所の周辺だけではなく、関東首都圏など広範囲に及んできたのではないかと、バズビーは指摘する。バズビーは先ほどの個人住宅で原発事故後一年余使用したエアーフィルターについてつぎのように分析結果を述べている。

「そのエアコンは室内の空気を循環させるだけで、外気を取り込んではいません。ということは、検出された放射性核種は彼女のマンションにあったということになります。彼女の部屋は港区西新橋にある高層マンションの二〇階で、東京タワーから数百メートル離れたところにあります。この理由は、東京の中心部がひどく汚染されているからとしか説明できません。……室内の空気には大量のセシウム以外に、濃縮ウランや原子炉から生じる鉛まで含有されていたのです。室内でこの数値ですから、屋内ではいったいどれほどの数値だったのか、考えただけでも恐ろしくなります。」

バズビーは原発事故後の日本政府の「安全宣言」に対して懐疑的であった。バズビーは今回の原発事故による放射線被害は福島第一原子力発電所から二〇〇キロメートル圏内に住む人たち―三六〇〇万人―にも及んだとみて、そしてそのガンを引き起こす可能性は控えめに見積もっても今後五〇年間で四〇万人であるとその試算結果を発表している。必然、エアコンなどのエアーフィルターなどの清掃に当る作業員たちに適切な処理方法と危険性を警告すべきと提唱する。

バズビーは放射線の大気汚染だけではなく、バルト海沿岸などの調査結果を踏まえて、海に流れた汚染水による被害は拡散するのではなく、むしろ海岸の砂や泥などの沈殿物に残存することを指摘する。いずれにせよ、バズビーの指摘は、広瀬が危惧した範囲で今回の福島第一原発発電所の事故による放射線被害が東京など首都圏全体に及び、今後もその影響が継続していくことを意味する。

バズビーの指摘によれば、今回の原発事故の影響する空間範囲は極めて広範囲に及んだことになる。東京首都圏といえども、決して安全であるとはいえない。日本政府と東京都、さらには原子力関連の研究者や放射線関係の医師などは、バズビーの指摘する科学的根拠の是非に対して専門家としてきちんと対応する義務がある。

今回の東北地域を襲った巨大地震と津波は、大正一二［一九二三］年九月一日の正午前に相模湾を震源とする巨大地震―マグニチュード七・九といわれる―を思い起こさせた。この地震波の範囲は日本列島の三分の二に達した。特に湘南や三浦半島での家屋倒壊率はきわめて高かったといわれる。この大震災の影響は東京とその周辺地域である千葉県や埼玉県、山梨県、茨城県、栃木県、群馬県だけではなく、静岡県や長野県にも及んだ。

地震が引き起こした地盤変動面では、東京都内の水準点からみて、大磯で一八二センチメートル、館山で一五七センチメートルの隆起が観察された。地盤の水平移動では、相模湾を中心に四キロメートルに達した。山岳部では山崩れ―山津波―によって断層ができた。

当然、当時は原子力発電所の存在はなく、その影響はあくまでも建物の倒壊、それによって生じた火災、山崩れ、津波などの範囲にとどまった。今回の地震と津波は福島第一原子力発電所での原発事故をもたらし、放射能汚染という強大で持続的な二次災害を及ぼした。

今回の事故は東京一極集中という日本社会の脆弱性と危険性をあらためて明らかにさせた。だからといって、これまで以上に、首都圏から遠く離れたところに原子力発電所を立地させるということにならない。

原子力と地域

1

日本での原子力発電所の立地地域―廃炉中や計画中のものを除く―を振り返っておこう。北海道では古宇郡泊村大字堀株村の泊原子力発電所（三基）、東北地域では福島県の東京電力の福島第一原子力発電所（六基）と同福島第二原子力発電所（四基）、宮城県石巻市女川町には東北電力の女川原子力発電所（三基）、青森県東通村には同東通原子力発電所（一基）がある。中越地域では新潟県柏崎市・刈羽村に同柏崎・刈羽原子力発電所（七基）がある。

関東圏では、日本原子力発電の茨城県那珂郡東海村の東海第二原子力発電所（一基）のほかに、同社は福井県敦賀市明神町に敦賀原子力発電所（二基）がある。福井県ということでは、関西電力が三方郡美浜町に美浜町原子力発電所（三基）、大飯郡おおい町に大飯原子力発電所（四基）、大飯郡高浜町に高浜原子力発電所（四基）をもっている。なお、福井県敦賀市には動力炉・核燃料開発事業団の高速増殖炉もんじゅがある。

中部電力は静岡県御前崎市に浜岡原子力発電所（五基、ただし、このうち二基はすでに廃炉のため運転終了中）をもっている。北陸電力は石川県羽咋郡志賀町に志賀原子力発電所（二基）をもっている。中国電力では島根県松江市に島根原子力発電所（二基）、四国電力では愛媛県西宇和郡伊方町に伊方原子力発電所（三基）、九州電力では佐賀県東松浦郡玄海町に玄海原子力発電所（四基）、鹿児島県薩摩川内市に川内原子力発電所（二基）がある。なお、沖縄電力は原子力発電所をもっていない。

2

原子力発電所が立地してきた地域の経済を振り返っておく。まず、北海道地域である。日本列島のなかでは本州に次ぐ面積をもっている。北海道は南北に背骨のように山脈が貫いている。平成二二［二〇一〇］年の国勢調査結果によると、北海道全体の人口は約五四五万人であり、人口では札幌市に一九一万人となっている。

人口一〇万人以上の都市は旭川市、函館市、釧路市、苫小牧市、小樽市、北見市、江別市である。原子力発電所のある泊村の人口は八五五世帯、一、八八三人となっている。前回調査の平成一七［二〇〇五］年との比較では人口は約一四％の減少となっている。

北海道の産業構造を道民経済計算―道民総生産―からみておくと、平成二二［二〇一〇］年で農林水産業が四・四％、鉱業が〇・二％、建設業が八・〇％、製造業が一一・二％、商業が一五・二％、サービス業―金融・保険、不動産、運輸、情報、電気・瓦斯・水道、公務など―が六一・〇％となっている。農林水産業のうち、農業については専業農家の比重は高く耕作面積も大きく、農業生産額はジャガイモや小麦、牛乳などを中心に日本全体の一〇％以上を占める。かつての炭鉱で知られた石狩や釧路などの鉱業は、石油エネルギー転換のなかで閉山が相次ぎ、いまはかつての北海道の主力産業であった鉱業などは全体のわずかを占めるにすぎなくなった。

建設業の比重は東北を除いた他の地域との比較では高くなっている。とりわけ、人口数が少ない道内の市町村では、製造業や不動産業からの工事発注が少なく、公共工事に依存する建設業の比重が高いだけに、公共工事削減などの影響を大きく受けてきた(*)。製造業では食品、木材・木製品といった生活関連型産業、パルプ・紙製品、鉄鋼、石油・石炭といった基礎素材型の産業の比重が高いことは北海道の特質を反映している。反面、全国平均との比較では、機械・金属系といった加工組立型の産業の比重は低くなっている。

東北地域のうち、本州北端の人口一三五万人の青森県の県内総生産では、全国平均からみれば農業県であるにしても、農業水産業は全体の四％ほどにすぎず、公務を含むサービス業の比重が高く、製造業は低くなっている。製造業については特定事業の比重の高さを反映して非鉄金属、食品などが目立つ。県内に若年労働者を引きとめる上で中核的な産業を欠く青森県は、典型的な人口流出県となっている。若年労働層の県外流出が続いていてきた。

原子力発電所が立地する下北半島北東部に位置する東通村は人口七〇〇〇人ほどの漁村であり、鉱業ではセメント関係の工場が立地する。福島原発事故の調査で活断層も見つかっている。大間町に建設され運転が計画されていた原子力発電所(**)については、ウラン燃料だけではなく、ＭＯＸ核燃料も利用できる設備となっている。ただし、今回の原発事故の問題などもあり現在見通しは立っていない。下北半島の太平洋岸の人口一・一万人ほどの六ヶ所村には核燃料再処理工場(***)が立地する。

＊北海道の場合、行政投資額についてみておくと、生活基盤投資額では東京都に次いで全国第二位、国土保全投資額においてダントツに全国第一位となっている。とりわけ、道路整備や治山治水への投資が突出している。北海道経済にとって公共工事の動向から大きな影響を受けてきた。これらの投資を支えるのが財政収入であるが、北海道の場合、地方交付税が全国で第一位となっており、また、地方債への依存度も高くなっている。

＊＊一九七〇年代後半から建設の賛否をめぐっての動きがあったが、昭和五九［一九八四］年に、当時の大間町議会が原子力発電所の誘致が決議している。経済産業省は平成

人口約二四五万人の宮城県は東北地域の経済・行政の中心であり、県庁所在地で政令指定都市の仙台市は百万人都市である。県内総生産では、気仙沼市や南三陸町で漁業が盛んであるが、農林水産業は全体の六%すこしである。鉱工業はおよそ四分の一で東北地域にあって、宮城県は臨海部に石油、鉄鋼、パルプなどの素材型産業、内陸部で電気機器や一般機械に加え、自動車メーカーの進出もあり輸送機械、金属製品などの加工組立産業などを有する工業県である。商業やサービス業は全体の七割である。原子力発電所が立地する石巻市女川町は一万人ほどの漁業を中心とする地域である。

福島県の場合、県内総生産額では他の東北地域と比べても、農林水産業の比重は高いとはいえない。製造業についてみれば、関東圏からの物流上の利点もあり、電気機械が県内で最も生産額が多い産業となっており、電力を中心として電機・ガスがこれについで二番目の産業となっている。建設業は第三番目となっている。

福島第一原子力発電所の第一号機から第四号機のある人口一・一万人強―事故前―の双葉郡大熊町、第五号機と第六号機の人口約七千人の双葉町、同第二原子力発電所が立地する双葉郡楢葉町―一部は富岡町―人口約八千人ほどであった。いずれも太平洋岸に面した地域であり、電力業やこれに関連する建設業などを除けば農業、林業や漁業・水産業、食品加工などの町である。

新潟県の場合も、県内総生産額からみれば米どころのイメージもあるが、現在は農業などの比重は高くなく、米菓を中心とする食品、繊維、従来からの地場産業である金属洋食器や作業工具など金属製品、電子部品・デバイス、工作機械などの一般機械や精密機械など製造業の比重が割合と高い地域である。原子力発電所は人口五千人をすこし割る刈羽村に立地する。なお、

二〇［二〇〇八］年に大間原子力発電所の設置を許可している。約一四〇万キロワットの改良型沸騰水型軽水炉の設置が計画されてきた。

＊＊＊フランスからの技術協力の下で処理能力は最大で年間八〇〇トンを予定。試運転はすでに行われていたものの、試運転中に起きたさまざまな問題を解決できずに本格運転の時期が延長されてきた経緯がある。このため、建設予定額が膨らみ続けてきた。

他の原子力発電所立地県の茨城県や静岡県の場合は、近くに関東経済圏や中部経済圏をもち、そうした経済連関性をもつ地域である。

原発銀座と呼ばれてきた福井県の場合、県内総生産額では繊維を中心とした製造業についてみれば、繊維業の相対的比重は低下してきた。電気機械を中心とする機械や化学の比重が高まっているとはいえ、商業・サービス業がもっとも高い割合を占めているのは他の地域と同様である。地域的にはいわゆる嶺北で製造業が集中し、嶺南には原発が立地しているほかに観光業が主要産業である。

人口数約八〇万人の福井県もまた、他の原発立地の多くの地域と同様に若年層が流出している地域である。原子力発電所の立地する敦賀市は人口六・八千人であり、事業所数からすれば県内の福井市、越前市、坂井市に次いでいる。事業所数の構成からすれば、小売商業、サービス業、建設業、製造業という順になっているのも地方小都市の典型ともいえる。

中国地方では人口が約七〇万人の島根県は、関西や関東の中堅都市なみの人口規模であるが、中山間地をもち過疎問題を抱えてきた。少子高齢化の下で、漁業はともかくとして、農業人口の減少が大きな課題である一方で、地方圏の典型で公共事業に依拠する建設業の割合は全国平均を上回ってきた。

製造業については事業所数の関係もあり、少数特定企業の立地の特性が数字の上で大きく表れている。業種別では日立金属などを中心とする鉄鋼、富士通やパナソニック（旧三洋）などの情報通信機械や、村田製作所などの電子部品などの割合が高くなっている。観光業にも力が入られているが、冬場というオフシーズンの時期の課題もある。松江市鹿島町は人口では七・七千人ほどで、農業と漁業が中心であった地域で、日本で三番目に原子炉が建設された。

四国地方は約一四〇万人の愛媛県の場合、造船や繊維など製造業が盛んな今治市、西条市、新居浜市などの東部（東予）、四国の県庁所在地でもっとも人口の多い松山市（約五二万人）などの中部（中予）、宇和島市や原子力発電所の立地する伊方町などの南部（南予）の地域がある。佐田岬半島の漁業とみかんなどの農業を中心としてきた伊方町は、人口一万人ほどの地域である。原子力発電所の操業開始当時からすれば、人口はおよそ半分程度となっている。

九州地方では人口約八四万人の佐賀県と約一六八万人の鹿児島県の場合、佐賀県は農林水産業の比重が全国でも高い。第二次産業のうち、かつては鉱業（炭鉱業）が盛んであったが、閉山した。有田町の陶磁器産業もあり、窯業が盛んである。造船業、自動車部品、半導体（シリコンウェハー）を中心とする製造業がある。原子力発電所の立地する佐賀県北西部の玄海町の人口は六千人あまりである。

鹿児島県は農業や建設業の比重は減少して、現在は、電子関連や自動車関連の企業立地促進によって加工組立産業の比重が高くなってきているものの、佐賀県と同様に人口流出県であることには変わりがない。ちなみに先の島根県、愛媛県、福井県など原子力発電所の立地県はいずれも人口の流出県である。

原子力発電所の立地特性からすれば、原子力発電所は、原子炉を冷却する必要性から、日本の場合には、海水を大量に利用しやすい海岸近くに立地してきた。この関係では、原子力発電所の立地地域はいずれも従来から漁業——その後背地では農業など——で生計を立ててきたところが多い。

もし、そのような地域で、それが農業であれ、漁業でもあれ、製造業、観光業であれ、産業開発を中心に地域経済振興による自立的・自律的な経済発展が可能であったなら、原子力発電所が立地したであろうか。原子力発電事業をその地域経済に影響を与えることのできる産業特性、すなわち、関連産業の誘発性や雇用の創出性、さらには研究開発機能など創造性などの面からとらえると、いくつかの特徴が浮かび上がってくる。

地域と発展性

1

都市研究家のジェイン・ジェイコブス（一九一六〜二〇〇六）が、『都市と諸国民の富―経済生活の原理―』（邦訳『発展する地域　衰退する地域―地域が自立するための経済学―』）でも論じているように、自立的に発展する地域は補助金などによって支えられているのではなく、地域の発展を可能にする産業をもっていることである。ジェイコブスはつぎのように指摘する。

「活気ある都市をもたない地域に、借款、交付金、補助金がつぎ込まれても、その場合には、不活発で不均衡な、あるいは依存的な地域が形成される可能性があり、自立的な経済の創造、つまり、輸入置換都市の創造には役に立たない。」

ジェイコブスのような視点に立てば、原発立地県や地域などが、自分たちの地域を自立的かつ自律的に発展させる可能性をもつ産業を育成していれば、はたして原発立地を受け入れていただろうかは、いまの段階でも十分に問うておいてよい。こうして考えると、国土の均衡ある利用とはすべてを東京に一極集中させるのではなく、地域のさまざまな特性に応じた産業を自律的に発展させていくことで、国土の均衡ある利用が促進されるべきなのである。

ジェイコブスは発展する地域について、「都市によっては、郊外を超えてすぐに始まる後背地で、農業的、工業的、商業的な仕事場が混然一体となっているところがある。このような都市地域は、都市それ自体を別とすれば、あらゆるタイプの経済の中で最も豊かで、最も人口密度が高く、最も陰影に富んだユニークな地域である」とも指摘する。

しかしながら、多くの原子力発電所立地地域についていては、農業、工業、商業が混然一体となっていたとはいえない。また、ジェイコブスは、国民経済という空間的にはきわめてあいまいな概念で地域経済を論じているわけではない。彼女は人口密度が高い都市という地域を念頭において、地域経済の可能性を明らかにしようとする。原発立地地域のように、人口密度は低い地域でどのような発展策が可能であったのだろうか。

こうした人口密度の多寡を差し引いても、ジェイコブスが強調する諸点で注視すべきはつぎの二点である。一つめは「輸入置換力（import replacement）」である。なんでも他地域から輸入―移入―するのではなく、自分たちの地域で生み出すことが可能であれば自分たちで努力して取り組み、生産・流通させることである。ジェイコブスはつぎのように説明する。

「都市相互間の輸入置換は、都市におけるイノベーションの産物に対する市場を刺激した。諸都市が広範な輸入品を地元の産物で置換する場合には、そうでない場合に比べれば輸入が減少しない。むしろ、その都市は、地元で生産されるようになった輸入品に代わる別の製品をあらたに輸入するようになるのである。……経済活動の発展に関してより重要なのは、輸入品を置換し、それゆえに輸入をシフトさせる諸都市が、他の都市で生産される新しいタイプの財に対する重要な市場となることである。それらの都市にはイノベーションの産物を買う余裕があるから、イノベーションに対する重要な市場となるのである。こうして輸入置換都市は、他都市で創出される新たな輸出の仕事を刺激する。こうしたメカニズムによって、一連のイノベーションによる産物が、日常生活の中に入ってくる。さらに続いて、それらが地元の生産によって置換され、次のイノベーションに対する新たな都市の市場が開拓されるのである。

以上のことが意味するのはこうである。つまり、発展中の諸都市間の交易は流動的であり、諸都市がお互いに新たな輸出品を創造し、次いでその多くを置換するにつれ、交易の内容が絶えず変わるということである。」

地域経済のイノベーションや地域の経済発展には、それまでの「輸入」産品を地元の経営資源をうまく使っていかに「置換」させていくかが重要である。この方向は決して他地域との経済連携を断つことではない。むしろ、それは他地域から産品の輸入にもつながり、互いに経済的に刺激を与える可能性が示唆されている。

すくなくとも、人びとのそのような意識と努力を重ねることとの精神が、自分たちの地域において醸成されることが必要である。この意味では、ジェイコブスの強調する「輸入置換力」とは決して生産過程だけのことではなく、意識の問題でもある。地域の人たちのそのような意識こそが、地域発展の鍵を握っているのである。地域経済の調査を生業として、多くの地域を調査してきたわたしもジェイコブスの見方を強く支持する。

二つめは「インプロビゼーション（improvisation）」の実践であるとされる。一般に、この言葉は「即興」と訳される。ジェイコブス自身はインプロビゼーションの定義をきちんとさせていない。だが、地域住民が変化する状況に応じて、自分たちが創意工夫して即興的に対応できる力を示唆している。

彼女の提示する「インプロビゼーション」とは、何が何でも所期の目的を達しようという「目的志向型」のやりかたではなく、経済環境などの変化に応じて、臨機応変的―彼女の言葉では「修正自在的」に―即興的に対応する力のことである。強いて訳せば、「インプロビゼーション」とは修正自在的な創造的工夫ということになる。たとえば、彼女はつぎのようにこの言葉を使っている。

「インプロビゼーションの直接的、実践的利点は別としても、この実践そのものは、発展段階のいかんにかかわりなく、すべての経済発展に不可欠な精神のあり方を育てる。インプロビゼーションという実践それ自体が、それをうまくやってのけるという喜びを育み、また非常に重要なことだが、一つのインプロビゼーションがうまくいかないとしても、他の似たようなうまいインプロビゼーションがあるはずだという信念を育む。発明、実践的問題解決、インプロビゼーション、イノベーションはすべて密接な関係がある。」

技術との関連では、ジェイコブスは「身近な環境に対する適正な技術」や「創意工夫」との関連をきわめて重視している。彼女は「もしも経済発展を一語で定義するとすれば、それは『インプロビゼーション』ということになるだろう。しかし、実行できないようなインプロビゼーションでは意味がないから、より正確に言うなら、発展とは、日常の経済活動の中にインプロビゼーションを取り入れることができるような状況のもとで、絶えず創意を加えて改良する過程である。こういう状況を生み出せるのは相互に流動的な交易をおこなっている都市だけであり、それゆえ、後進都市はお互いを必要としているのである」と主張する。

要するに、「インプロビゼーション」とは経済環境などの変化に応じて、住民が臨機応変的に自在に対応しようとする「地域力」である。それは単に産業構造の多様性やさまざまな事業家たちの存在など経済面だけではなく、そのような状況の変化に応じて政策などを変更できる開かれた地域の政治力のことでもある。

政治ということでは、軍事生産や長期化し間断のないような補助金政治は、その地域の「インプロビゼーション」や「イノベーション」への取り組みの精神を萎えさせるだけでなく、「衰退の取引」としても作用し、最終的に地域を衰退させることを、ジェイコブスは熱心に説いたのである。彼女は、再度、輸入代替―置換―とイノベーションを強調したうえで、つぎのようにいう。

「都市は、二つの形で継続的なエネルギーのインプットを必要とする。すなわち、一つはイノベーションであり、それは根本において人間洞察のインプットである。いま一つは豊富な輸入代替であり、それは根本において、適応性のある模倣を行う人間能力のインプットである。……都市とその都市地域が散発的な緊急援助―たとえば、洪水、地震、火災あるいは戦禍の救済―を与える場合には、その援助は、散発的な軍需生産に似ている。その場合には、都市経済を永続的に歪めたり、間断なく流出させることはなく、また、流動的都市交易ができない代わりとして、停滞地域援助向けの財・サービス供給の仕事に都市経済を依存させることもない。……大規模で間断のない補助金は衰退の取引なのであり、ひとたびそれが開始されると、時とともに補助金の必要はますます増大し、補助金を供給する側の資力はますます減少する。」

ジェイコブスは「衰退の取引は、見せかけはどうであろうとも、停滞の救済策にはならず、また貧困の原因への対策にもならない。にもかかわらず、衰退の取引はまさに政府がばらまきやすいものであり、帝国への熱望を抱く帝国と国家がばらまかざるをえないものなのである」とみて、政府の補助金政策にも警鐘を鳴らす(*)。

なにもすべての補助金や補助金政策が間違っているというわけでない。あくまでも補助金はその地域のもつ潜在性を引き出すものであって、最終的にその自立的発展に寄与し、補助金そのものをなくすことが補助金政策の最終目的なのである。

最後にもう一度ふれておくことがある。

東京への一極集中という経済的にみて効率的であっても、災害などリスクに対して脆弱な構造は、東京への集中規制という手段だけで困難なことは、いままでの日本の国土政策史からも再確認できる。

それはジェイコブスが主張したように、都市への人口集中は過疎地域などへの補助金行政によって是正するのではなく、過疎地域の輸入置換力という産業育成へのたゆまない工夫と辛抱強い取り組みによって、自分たちの地域の財政状況を安定させることによってしか地域の自立的発展は達成されないのである。このこともまたわたしたちにとっての再確認事項である。

＊ジェイコブスのこうした考え方に共鳴して実践してきたと自ら述べる元鳥取県知事の片山善博はジェイコブスの前掲書―文庫版―に解説を書いている。片山は公共事業など補助金行政について「その効果は極めて限定的」であったと振り返ったうえで、地域の輸入置換への努力の必要性に関連して「国が何でも決めるという仕組みを改め、財政運営や税制などを含む困難で厄介なことも、地域のことは地域に住む住民が責任を持って決める仕組みに変える」ことの重要性を指摘する。ジェイン・ジェイコブス（中村達也訳）『発展する地域　衰退する地域―地域が自立するための経済学―』ちくま書房（二〇一二年）。

地域分散経済

1

福島第一原発事故の大惨事のあと、前章でもとりあげたように、定期検査中の九州電力の玄海原発再稼働をめぐって佐賀県で開催された経産省原子力安全・保安院の説明会—地元ケーブルテレビ局で公開—で、いわゆる「やらせ問題」が発覚した。

この事件では、福島原発事故の終息の予定が全く立たないなかで、原発再稼働を求めて説明会が開催されたことにくわえ、九州電力本社が関係会社の社員などに運転再開の旨のメールを寄せるように依頼していたことが判明した。このことで、九州電力、電力会社寄りの説明会を実質容認していたと思われる当時の県知事、そして経産省の関係者もそれを黙認したのではないかという疑惑が浮上した。過去の原発立地や再稼働などの際の公聴会あるいは説明会でも、「やらせ」が繰り返されてきたのではないかという疑問が、多くの国民から寄せられることになった。

原発立地の地域などで「やらせ」が繰り返されてきた背景には、地域経済そのものの、より具体的にいえば当該自治体の財政構造に大きな課題があった。原発誘致や増設の賛成と反対をめぐる対立のなかで、地元住民の意向を賛成意見に統一させることが、財政維持のために必定となってきた事情があった。

東京新聞原発事故取材班は、原子力発電の関係者への広範な取材をつうじてそのような構造を『レベル七―福島原発事故、隠された真実―』で、鹿児島県川内市のケースを取り上げて明らかにしている。

川内市には原発二基が立地している。第一号機―加圧水型軽水炉―は昭和五九〔一九八四〕年七月に運転開始、第二号機―同―は昭和六〇〔一九八五〕年一一月に運転開始となっている。取材班は九州新幹線川内駅の開業を迎えるなかで、周辺自治体の合併を控えていた同市が九州電力に対して寄付要請を行っていた内情に関して、つぎのように分析している。

「九州電力は以前にも川内市への寄付に応じていた。一九七八～八二年に計十一億円。川内原発一、二号機が運転を始める数年前のことである。その後、十億円くらい必要かもしれない』と要求した。寄付に応じることに九州電力も異論はない。だが、金額には抵抗した。……一年ほど腹の探り合いが続いた結果、落としどころは十五億円になった。……川内市のような巨額寄付は、原発が立地する自治体とその周辺では珍しくない。多くは原発の新増設などが行われる時期に合わせて支払われる。

北海道電力泊原発がある泊村は、二〇〇〇年度に漁業振興などの名目で北海道電力から寄付を受け取った。その額は実に三十億円。年四十億円だった村の一般会計は、一気に七十五億円にまで膨れ上がった。同じ年、泊村と隣接する三町村も計五十億円近くを受け取っている。」

こうした地域振興協力金は原発立地にかかわる交付金よりも「使い勝手の良い金」＝「迷惑料」であることはいうまでもない。福島原発事故後、原発の安全性が厳しく問われているなかで原子力政策への支持をいち早く打ち出したのは、背に腹は代えられない財政問題を抱える自治体であった。

同取材班もこの点について「『迷惑料が効いたのか、福島事故後、真っ先に原子力政策の推進を求めたのは安全に最も不安をもつはずの立地自治体だった。……青森県の東通村の村長越前靖男（七〇）は一二年二月初め、経済産業省や東電本店を訪れ、定期検査中の東通原発の早期再稼働を直接求めた。……寄付も交付金も最終的には電気料金に転嫁される。消費者が負担し、電力会社の懐は痛まない仕組みである」と指摘する。

直接、福島第一原子力発電所の事故の真相がまだきちんと明らかにされていない段階においてすら、原子力発電所が立地する自治体の首長たちは原子力発電所再稼働へ積極的な政治姿勢を示した。それは、周辺自治体や電力消費地の自治体首長が安全面への不安から消極的であったこととはあまりにも対照的であった。背景には、地域経済のあり方そのものがそこに反映しているからにほかならない。

今回の福島原発事故以前から日本の原子力発電所の立地地域を取材してきたルポライターの鎌田慧は、原発産業以外の産業への視点と、そうした産業の振興を強く意識しない地方自治体が「原発中毒症」に陥る危険性に警鐘を鳴らしてきた。

この点について、鎌田は『原発列島を行く』で、原発や核燃料処理施設が立地する地域のピカピカの公共施設とは裏腹に原発増設などが停止していくなかで、地域を支える産業がなければ今後は財政破綻を避けることができない現実が待っていると指摘する。

鎌田はこの点に関して、福井県敦賀市を「まるで原発中毒患者」のようだとして、「（原発立地にかかわる—引用者注）交付金は、七年たつと交付されなくなるので、多くの立地自治体では、あたかもカンフル注射が切れた状態になり、あらたな原発を欲するようになる。原発は地域を麻薬依存症のようにさせて荒廃させる」と描いている。

こうして考えると、地域経済を支える産業群がないから、原発を誘致するという考え方については、それ以前にまずはどのようにして自分たちの地域経済を振興するのかという根本的な取り組みが徹底的に為される必要があった。

今後、国土の均衡ある発展を目指した安全な社会づくりにむけたインフラ整備と、地元経済の活性化を目指した産業育成を見据えた地域開発政策が、ますます必要となる。

一般に、地域開発政策は一九三〇年代の大不況期の下での、アメリカのテネシー州での地域開発計画(*)や英国の取り組みなどがその原型とされてきた。こうした政策は、国土利用の不均衡を予め想定して、あるべき均衡ある姿とされるような国土利用を誘導するために策定されたものではなく、むしろ順序は逆である。地域政策とは、国土利用の不均衡問題が生じてその是正を促すための対処療法としての政策であった。

2

地域間の資本の自由な空間移動は、一部の地域の経済発展を促すが、他方で経済成長から取り残された地域も生み出す。それは過密的な巨大都市が成立する一方で、過疎地域を生み出すことでもあった。そうした資本の偏在は人口の偏在―過密と過疎―、失業問題、環境問題の悪化、治安問題などを生み出してきた。各国ともこうした問題への対処策として、産業振興などを中心とした地域政策を展開させてきた。

日本においても、昭和二五［一九五〇］年の「国土総合開発法(**)」は全国から特定地域を選び出し、資源開発、国土保全、産業立地の整備など「総合的」に実施しようとした。敗戦後の混乱がのこるなか、重視されたのは食糧の増産、電源開発を中心とするエネルギーの確保であり、

＊ルーズベルト大統領はニューディール政策の一環としてテネシー川流域開発公社（TVA, Tennessee Valley Authority）を設立し、テネシー川流域の治水管理による農業振興、ダム建設などの電源開発、水運などのインフラ整備を行った。こうした一連の公共土木工事によって地域経済の振興と失業率の改善を図った。この結果、金属、化学や食品などの分野が成長することにもつながった。

＊＊国土開発の考え方はなにも第二次世界大戦後にでてきた新しいものではなく、戦前においては旧内務省などが昭和恐慌による地方の失業問題の改善や戦時体制時の軍事生産体制に関わって計画が行われた経緯もある。

地域ごとの開発促進法が制定されていく。

その後、日本社会が経済復興から高度経済成長の時期を迎えるにしたがって、産業振興を中心とする地域開発政策が重視されるようになっていく。実際には、東京を中心とする首都圏、大阪を中心とする近畿圏、名古屋を中心とする中部圏が政策重点化の対象地域となり、いわゆる太平洋ベルト地域構想が目指される。

しかしながら、こうした政策は巨大都市圏の過密問題を引き起こした。他方で、地域との格差問題を醸成していく。昭和三七［一九六二］年の「全国総合開発計画」は過密・過疎問題の解決を目指し、地域の均衡ある発展が意識され、過密地域の周辺を整備することなどを盛り込んだ。この七年後に、新「全国総合開発計画」が発表されている。その後も「総合開発計画」の改訂が行われた。

昭和四六［一九七一］年の「新全国総合開発計画」では、「政策課題と国民の選択」ということで、「社会の発展の過程において、自然の秩序を無視した人間の行為や文明に対する制御が不十分であることに起因して、生活の場としての環境形成の総合的な対応が遅れて、自然環境の破壊によるいこいの場の減少あるいは災害の発生など、環境悪化の減少が生じている。……単に効率性の観点からばかりでなく、安全性、快適性のあるものとして、人間尊重の視点から望ましい環境を創造しなければならない。……都市、農村を通じて全国土に望ましい環境の形成を図る必要がある」と指摘された。

そこには、当時の公害問題の深刻化が反映された。この開発計画では全国がいくつかのブロックに分けられ、工業基地、食糧基地、レクレーション基地、大陸棚開発などの今後の姿が取り上げられた。日本の国土利用が産業別にとらえられ、その将来展望が描かれた。

その後の昭和六二［一九八七］年の「第四次全国総合開発計画」をみると、「国土の均衡ある発展」が掲げられ、昭和三〇年代、四〇年代、五〇年代ごとの問題点と政策課題がつぎのように整理された。

昭和三〇年代―「東京、大阪への若年層が大量に流入し、人口等の集中による密集の弊害、地域間格差などの諸問題が深刻化した。……都市の過大化の防止と地域間の格差是正を図ること……しかし、予想を上回る高度成長は大都市への人口等の集中を更に助長し、過密・過疎問題が一層深刻化した。」

昭和四〇年代―「（第三次総合開発計画において―引用者注）総合的な生活圏整備の立ち遅れを強く意識し、定住構想を計画方式として採用した。そして、大都市への人口と産業の集中を抑制し、一方、地方を振興し、過密過疎問題に対処しながら、全国土の利用の均衡を図りつつ、人間居住の総合的環境の形成を図ることとした」。

昭和五〇年代―「東京圏への高次都市機能の一極集中と人口の再集中が生じている。この傾向が更に進展すれば、東京圏の居住環境の改善を難しくするばかりでなく、限りある国土資源と人間活動のバランスが崩れ、貴重な国土を良好な状態で将来に引き継ぐことも困難となる。……国土全体で適切な機能分担が行われなければ、各地域の多様で個性的な発展が阻害され、日本全体として多様な価値観がはぐくまれなくなる。他方、地方圏では急速な産業構造の転換による素材型産業や輸出依存型産業の不振等により雇用問題が深刻化している地域が多く見られる。また、過疎地域での引き続く人口減少ばかりでなく、道県単位でも再び人口減少が生ずるなど、地域振興の上で大きな課題が現出している。こうした状況に対応して、東京一極集中を是正し、国土の均衡ある発展を達成するため、強力な施策を講ずることが求められている。」

そして、第四次「全国総合開発計画」の目標については、つぎの三点が重点項目として掲げられた。

①「多様な産業振興策の展開が必要なこと」。

②「地方圏の発展を促進するためには、いまだ完成していない地方主要都市を連絡する全国的なネットワークを早期に完成させる必要」。

③「定住圏構想の理念を更に発展させる必要」。

このうち、地方圏については、たとえば、北海道、北東北、九州、沖縄が取り上げられ、「産業構造の変化に直面する中で雇用問題が深刻化するとともに、近年人口減少をみている道県が多く、このままでは、地域の活力が損なわれるおそれがあり、地域活性化のための基盤整備を特に重点的に進める」とされた。

実際のところ、地域活性化のための基盤整備では、交通網などの整備が行われたものの、北東北などの地域においても経済格差が生じていた。青森県では八戸が全国一五カ所の「新産業都市(*)」の一つとして指定されたものの、その波及効果が青森経済全体に及んだとはいえなかった。

「拠点都市開発」構想にも限界があった。先にジェイコブスの地域経済への見方を紹介したが、その地域に輸入置換など産業育成への努力によって自らの地域の発展を望む意識がなければ、補助金、とりわけ、公共工事などへの短期的な期待だけに終わってしまう可能性が高い。その後の工場立地件数―工場誘致―からみても、東北のうち、福島県、山形県、宮城県と比較しても、青森県や秋田県の低迷が続いた。

＊新産業都市―全国総合開発計画に盛り込まれた「拠点開発方式」を具体化させたものとして、昭和三七［一九六二］年の「新産業都市建設促進法」によって一五地域が指定された。指定地域は工業誘致などのための地方税特別措置、地方債の利子補給などが認められた。

安全な地域づくりでは、「大規模地震等への対応」についても取り上げられている。その後、わたしたちが神戸・淡路大震災、東日本大震災・津波、福島原発事故などを経験したことを考慮に入れると、東海地震の可能性を論ずることは当然であるが、内容はきわめて抽象的なものとなっている。

いずれにせよ、国土の均衡的利用を強く意識した「全国総合開発計画」がその都度策定されてきたにもかかわらず、その所期の目的であった東京への一極集中の抑制と地方産業の振興を通じての不均衡是正が必ずしも達成されなかった。

巨大都市化した東京が「高次機能都市」という名称でとらえられたことは、過密化を是正するのではなく、現状を容認した結果でもあった。つまり、そのような東京の状況を是認したうえでさらに一層、経済活動の密度を高めようとする意識がそこに内包されるようになったのである。

東京一極集中に対抗する地域分散経済の必要性は、わたしたちの国土のあり方にも関係する。その際に忘れてはならないのは日本列島という地球上の空間配置において、大陸諸国と比べてもきわめて災害が多頻度に発生しやすいことである。

3

日本の地盤についてみても、この狭い国土に四つのプレートがせめぎ合って集結している。地震発生史においてもマグニチュード六以上の地震のおよそ五分の一は日本で起こってきた。今回の東北大震災でも経験したように、過去においても、大地震と大津波という災害が発生してきた。わたしたちの社会は幾度となく大被害を受けてきた。この自然条件をわたしたちは軽

青森県の八戸のほかに、北海道では道央、秋田県の秋田湾、宮城県の仙台湾、福島県の磐城・郡山、新潟県の新潟、富山県の富山・高岡、長野県の松本・諏訪、鳥取県・島根県の中海、岡山県の岡山県南、徳島県の徳島、愛媛県の東予、大分県の大分、宮崎県の日向・延岡、福岡県・佐賀県・熊本県の不知火・有明・大牟田が指定された。

視してはならない。割合と平らな欧州大陸と比べれば、高い山脈と短い急流をもつ河川で日本列島は分断され、台風や大雨の際には洪水や山崩れにも翻弄されてきた。

建設省出身の土木学者であり国土学の必要性を主張する大石久和は、『国土と日本人』で日本の国土の自然的属性を考慮に入れた上で、東京一極集中という脆弱な地域構造の是正について、かつてのような「誘致合戦で収拾がつかなくなってしまった」首都機能移転ではなく、地方居住を促しつつ首都機能の分散をつぎのようにはかるべきであると指摘する。

「国を全体としてみたとき、首都機能の分散が最重要のテーマの一つとなる。東京直下型地震や東海地震がほぼ確実に襲う東京や首都圏にこれ以上の人口や国家機能、経済活動などの集積がなされることは国家の存立という観点からもきわめて危ういといわなければならない。

東京は日本の中枢機能を負担し、首都圏、関東圏、東日本のそれぞれの中心機能を重ねもっている。東日本大震災を経験したいまこそ、これらの諸機能を整理して、分散に向けた事業に早急に取りかからなければならない。……東日本大震災は、既存想定を超える破壊的な大地震への備えを首都圏と日本に促しているのである。」

日本列島が四つのプレートの上に位置する以上、それが移動することによって引き起こされてきた過去の地震は日本のいたるところに多くの活断層を残している。とりわけ、この活断層のやっかいなところは、その活動が震源となりうることである。必然、この上に、あるいは周辺に立地する原子力発電所の安全性が問われて当然である。

平成七［一九九五］年の六甲・淡路活断層の移動による阪神・淡路大震災は全国にある活断層についての調査を促した。平成一八［二〇〇六］年には、中国電力の島根原発の近くで活断層が確認され、今回の福島原発事故によってその周辺の活断層の存在が問題視されている。
にもかかわらず、活断層と原発立地の関係が「軽視」されてきた理由について、活断層・変動地形学で原子力安全委員会の専門委員も務めた鈴木康弘は『原発と活断層―「想定外」は許されない―』で、日本での活断層研究はようやく一九六〇年代後半ぐらいから確立するなかで、原発立地の方がすでに進んでいたことにくわえ、調査・審査体制で「安全性判断」の基準が明確でなかったことに求める。

その後、次々と活断層の存在が確認あるいは再確認されるものの、実際には原子力発電所の見直しが進んだわけではない。鈴木は敦賀原発を事例として、「活断層の可能性を強く示唆するデータがありながら、決定的な証拠が出るまで認めないというのは、安全を重視すべき立場として問題である。また、二〇〇〇年に指針が改訂され、可能性を否定できないものは活断層として認定することがルール化された後も繰り返されたという点は、より重大な問題である」と指摘する。

原子力発電所建設の是非のルール化をめぐる駆け引きの背景には、千年間に一度、あるいは一万年に一度の確率で起こる直下型地震の可能性と四〇年程度の立地期間の原子力発電所とのリスクが経済的な面だけで判断されてきた。

そうした確率論を優先させる以前に、具体的な自然条件そのものが何たるかをきちんと理解しておく必要がある。鈴木も「隕石はどこに落ちるかはわからず対策できないが、活断層はそうではない。あらかじめどこに活断層があるかわかればその場所を避け、あとでわかれば止める。それをしなかったら、万が一の事故の際には諦めきれず、当然、責任も問われる」としたうえで、つぎのように主張する。

「防災の対象とするか否かの判断は、確率の大小ではなく、国民が諦められるかどうかではないだろうか。そのため、専門家だけが勝手に決めるものではなく、社会的に合意すべきことである。『予測可能性』と『回避可能性』があるものと、ないものは峻別したい。確率の数値だけでなく、その意味を考える必要がある。いつずれるかはわからなくても、どこにあるかを明確にできる活断層に対して十分な備えをすることは、すくなくとも原発においては基本である。このことを今一度、防災論として整理し、納得することが必要だ。」

災害大国、とりわけ、世界的にみても大地震に見舞われる可能性がきわめて高い日本において、地域分散ということは自分たちのリスクを他の地域に押し付けることではなく、他の地域のリスクを自分たちの地域においてどのように分散負担するかの課題を直視することなくして、成立しえない。このことを再確認しておく必要がある。

均衡ある発展

1

福島原発事故後の日本社会から福島原発事故前の日本社会を原発立地という視点からとらえ直してみると、原発立地には東京などへの一極集中という国土の経済的不均衡がもたらした弊害の縮図に気づかされる。同時に、東京への一極集中はエネルギー消費の一極集中も意味する。この社会経済構造を変えていくには、エネルギーの消費構造を変えることが必要となる。国土の均衡ある発展にとって、エネルギー消費の均衡ある方向性を前提としないかぎり、その達成は困難である。この基本的なことが忘れられて、地域経済の問題が論じられすぎた。

たとえば、東京と他地域との関係は、地球全体のエネルギーの七〇%近くを消費する圧倒的比重を占める先進国、ついで一七～一八%を占める途上国、そして残りを大多数の極貧国という世界関係の国内版でもある。これは相対的な構図であり、エネルギーの絶対的消費量における構図ではない。

膨大なエネルギーを使ってしか存立しようがない首都圏、膨大なエネルギーを使ってしか存立しようがない産業や交通通信網などは今後どのように見直されるべきか。この見直しによって地域の新たな活性化と新たな産業の興隆をいかに図るべきか。このことが「福島後の日本経済論」の最重要課題の一つである。

この課題への探求は、日本のみならず世界にとっても均衡ある発展のモデルとなりうる。福島原発事故後の日本社会のもう一つの選択は均衡ある発展のうえに、わたしたちがどのような地域社会を描くのかの課題でもある。

福島原発事故の記憶が年々薄れていくことが予想される。結果、先に紹介したジェイコブスたちのいう本来の地域振興のあり方が真剣に問われなくなる可能性も高まる。また、原発再稼働をめぐる動きも活発化し始めるだろう。この原発再稼働を早急に求める動きは「新」安全基準をめぐる動きとなる。それは決してフィルター付きベント（排気弁）の取り付け――いままで、設置されていなかったこと自体が異常であるが――や、防潮堤の改善など技術的な課題を解決することが問題の本質ではまったくない。

日本と比べて広大な国土をもち、地震などの災害の被害予想が少ない地域においてさえ、原子力災害への対応指針として避難計画と地域を巻き込んでの避難訓練が行われつつも、原子力発電所の増設などに慎重な姿勢を続けてきた米国のケースを思い浮かべなければならない。日本での三〇キロメートル圏内を想定して現実的な避難計画を立案しても、実行することは現実には困難であることを考慮すると、原発再稼働にはやはり慎重さが必要である。

三〇キロメートルというのも、事故が勃発した時点での天候や風向きによって、この範囲は当然異なる。今回の福島原発事故で風向きによって東京へと放射能汚染が広がった場合、首都圏人口のどれほどが実際に避難できたであろうか。これはいわゆる過疎地とよばれている地域に立地する原発の事故想定においても、鉄道などの公共交通機関がないところでは、かなりの数のバスなど公共交通手段を動員した避難がはたして可能なのだろうか。

さらに、高速道路などが整備されていない地域での一般道は、自家用車などによる避難もあいまって大交通渋滞が予想されるうえに、冬場であれば除雪の必要もあり、実際の避難計画が想定どおりには実行されない。

2

実際の事故を想定しえない机上の避難計画がまったく役に立たず、事故対応に当たるべき東電や政府機関の無力さは当時、福島県双葉町の町長であった井戸川克隆の回顧からも伝わってくる（首長編『脱原発で住みたいまちをつくる宣言』所収）。

井戸川は「（原発事故当日─引用者注）役場に再度戻ってきたのは夜中の一二時すぎでした。途中で県から二キロ圏、国から三キロ圏の避難指示がありました。……（翌日）窓際に置いていた放射能測定器の値が、お昼前に跳ね上がりました。その頃、福島第一原発ではベントをしていたのでしょう。……（病院施設や老人施設の町民の―引用者注）避難にあたりました。その最中に福島第一原発の一号機が爆発しました。『間に合わなかった』という絶望感がありました」と述べている。井戸川は国や県の対応の混乱ぶりをつぎのように振り返っている。

「国からは三月一二日に避難指示が出されたきりで、どこにどうやって避難するようにといった具体的なことは何もありません。双葉町の役場にいるときまではオフサイトセンターや県からの指示もいくらかはきていましたが、通信回線が満足につながらない状態で……県としてもパニックだったと思います。

三号機が爆発したとき、川俣町でも放射能測定器を窓際に置いていたのですが、やはり針が振り切れました。……県の災害対策本部は大変混乱していました。情報は遅いし、何を相談しても返事は帰ってこない。そういう状態で、原発はどんどん悪化する。政府の何キロ圏内避難指示も信頼できなくなってきた。もう自分でやるしかないな、と私は覚悟を決めました。……つてをたどって最終的に埼玉県にお世話になりました。……双葉町民七千人のうち一四〇〇人がこのとき埼玉県へ移りました。」

防災計画や避難計画を立てたはずの国や県などの担当者から具体的かつ信頼できる情報提供と指示がないままに、町長が個人的なつてを頼って町民の避難を進めなければならないこと自体が異常なのである。(*)

町長就任時の町財政立て直しのために、福島第一原子力発電所に二基の原発増設を求めていた井戸川は、今回の原発事故のあとに「この事故がもたらした教訓は、政府を当てにしてはいけない」と自戒する。

政府を当てにできず、自分たちだけの判断で対応できることには自ら限界がある。また、避

*その後、福島第一原発事故で避難を余儀なくされたさまざまな人たちの手記が発表されてきた。たとえば、福島県双葉郡富岡町の市村高志氏もまた国や県からの正確な情報提供や公式の指示がないままに避難した一人であった。市村氏は福島第一原発が深刻な状況に陥っていることを知ったのは、翌日の防災無線の放送からだという。避難指示も「国や県によるものではなく、富岡町の独自判断に基づいていた。」市村たちは避難場所の川内村へと移動した。避難場所でヨウ素剤が配られたが、「飲んだ後の健康については、『薬事法上は自己責任だ』と言われた。……このとき川内村には、富岡町から約七〇〇〇名の町民が避難していた。

なお、現在、富岡町役場は原発事故の直後には仮役場として郡山市ビッグパレットふくしま内に設置され、その後、郡山市内に再度移動している。

難においては自力で避難できる人たちばかりではない。高齢者、介護を必要とする人たちや入院患者などへの配慮がどの程度まで可能なのだろうか。ましては、地震や津波の場合、道路の寸断などによって、避難だけではなく、避難者への食料品や衣料品の輸送も大きな問題となる。

こうした避難者の規模は東京周辺では確実に膨れ上がる。現実的な避難計画からすれば、原発の再稼働以前に、原発そのものが日本という災害が多い地域において安全なエネルギー減となる根拠はきわめて弱い。雪が降っても、台風が来ても、東京という日本の国土の均衡ある発展から逸脱してしまった巨大都市圏はあまりにも脆弱なのである。

第三章　医療重視の日本経済

放射能と社会

1

今回、原発事故の終息に向けて現場で作業を行った人たちの被曝、原発周辺住民たちの被曝にくわえ、ベントや海洋への放出によって汚染物質が拡散したことの影響が懸念される。今回の原発事故による被害は、きわめて広範囲の人たちにも及んだ。

とりわけ、放射線(*)の影響が成人よりも大きいことが想定されている子供たち―胎児も含め―の健康問題は、今後、長期間にわたって日本社会全体として取り組まなければならない大きくて重い課題である。

放射線障害には、直接的影響と遺伝的影響がある。放射線の量や身体の場所などによって放射線の引き起こす障害は異なる。概して、細胞分裂の盛んなところほどその影響は大きく、白血球の減少や免疫不全などが引き起こされる可能性がある。

放射線の影響範囲については、福島原発事故の一〇日あとに福島県のほか、周辺県の茨城県、栃木県、群馬県のホウレン草などで原子炉から放出されたとみられる放射性物資が検出された。

*放射線―一般的には放射性元素の崩壊により放出される粒子線あるいは電磁波（アルファ線、ベータ線、ガンマ線）をいう。放射線のうちアルファ線はヘリウムの原子核の粒子線、ベータ線は電子あるいは陽電子の粒子線である。ガンマ線は短波長の電磁波である。他方、放射能は放射性物質が放射線を放出する現象や性質を指す。外部被曝の中心

食品の汚染問題が浮上することになった。その四カ月後にも、放射能汚染の稲わらを餌として与えられていた牛肉が出荷されていたことが明らかになり、汚染牛肉が問題となった。

この事態は当初から予想された。監督官庁の農林水産省は事件発覚までそうした動きをまったく知らなかったのだろうかという疑問もある。インターネット時代の下、情報の出所を明らかにしていない無責任な匿名記事や投稿などが容易にネット上に拡散されてしまう現在では、風評被害もまた大きな問題である。

原子力発電所の作業員の被曝後の健康問題は、労災認定やその後の電力会社への損害賠償訴訟の過程で、放射線量と健康被害との因果関係をめぐっていままでも取り上げられてきた。長年にわたって原発訴訟にかかわって来た弁護士の海渡雄一は、『原発訴訟』で日本の遅れた対策についてつぎのように指摘する。

「原発は被曝労働無しには運転ができない。日本における原発の労働者被曝量は一つの原発あたりで比較すると世界一大きい。フランス、スウェーデンなどでは低減が進んでいるのに、日本では減っていないという特徴がある。総被曝量の九六％が電力会社社員を除く下請労働者の被曝である。日本では、被曝は下請けに集中し、被曝量低減のための抜本的な措置が採られてこなかったためである。」

海渡は、今後、アルファ線による内部被曝問題もふくめ健康被害―甲状腺がん、白血病、リンパ腫、多発性骨髄腫、肺がんなど―が増加することが予想されることから、「福島原発被害者援護法」の必要性をつぎのように訴える。

「疾病の種類にもよるが、数十年の歳月を要する。それでは被害住民の救済にはつながらない。……健康被害の兆候をつかみ、これに対する十分な健康診断・治療を継続することが

は放射距離の長いガンマ線であるが、身体の中に入り深刻な影響を及ぼす―臓器の細胞へ―のは放射距離の短いアルファ線やベータ線である。ウラン二三五やプルトニウム二三九はアルファ線を出し肺がんの原因に、ヨウ素一三一はベータ線を出し、甲状腺がんや甲状腺機能障害を引き起こす。福島原発事故後によく報道されたセシウムは一三四と一三七はベータ線を出し、筋肉へと取り込まれ障害を引き起こす。

重要である。そして、事故との因果関係が裏付けられなくとも、被災地付近に居住し、一般人の許容被限度である年間一ミリシーベルト以上の被曝をした可能性のある市民に、被曝との関連が疑われる何らかの健康異常が生じた場合には、無料で十分な医療措置を受けられることを、『福島原発被曝者援護法』として法的に保障する必要がある。」

被曝者支援をめぐる議論で必ず問題となってきたのは、あるいは今後、問題となるであろうことは「どの程度までの被曝量であれば大丈夫なのか」という点である。今回の福島原発事故の際にも比較対象となったチェルノブイリ原発事故の場合、それまでの「被曝許容線量」が事故後において引き上げられてきた経緯がある。

チェルノブイリ原発の事故は、長年、あくまでも運転員の人為的ミスであったとされた。そのため、当時の原発所長、技師長、副技師長などが過失を問われ、禁固刑の処罰を受けた。被曝した作業員などは後日死亡している。

チェルノブイリ原発事故の真相をずっと追ってきたNHKの七沢清は『原発事故を問う―チェルノブイリからもんじゅへ―』で、「一四歳以下の子どもと妊産婦の場合、年間一〇レム、一般人の場合は五〇レムまで許される。それ以下の場合、住民の疎開など特別な措置はとらない」とした旧ソ連保健省の数字についてつぎのように指摘する。

「ソ連保健省があげた一般人に対する五〇レムという数字はあまりにも高く、『広島・長崎のデータに鑑みて危険がともなう』として、ソ連医学アカデミー副総裁のイリインが反対するなどして、のちに一〇レムまで引下げされた。それでもソ連で用いられていた許容線量が年間〇・五レムであったことを考えると、二〇倍に引き上げられたことになる。しかも、それは日本をふくめ世界的に採用されている年間被曝許容量〇・一レムに比べると百倍にあたる。……しかし、いやしくも、住民の健康を守るためにきびしく決められたはずの許容線量が、その時の事情によって大幅にかえられてよいのだろうか。

実際、この時ソ連が被曝許容線量を変えた一番の動機は、なんとかキエフ市民の疎開をさせずに済ませる説得材料として、『客観的正当性を持ちたい』ということだったのは間違いない……被曝許容線量を引き上げることで人の移動をさせない背景には、経済的要因も絡んでいた。……実際、三〇キロ圏内からの一三万五千人の避難、除染や『石棺』づくりなどの事故処理だけで最初の一年間で八〇億ルーブル、当時のレートで一兆九二〇〇億円が国家財政から投入された。これに、すでに人びとの二〇倍以上の市民の疎開の費用をさらに賄うとしたら、当時のソ連の財政は破綻しかねなかったという指摘もある。」

原発事故とは国家の破綻であるという指摘は、福島原発後の被曝許容線量の引き上げをめぐる構図でもあった。また、福島原発当時の風向きによっては東京を含む関東圏のかなりの住民が疎開を余儀なくされ、最悪のケース想定では東京の廃都もまた現実的な選択となる可能性もあっただけに、わたしたちは旧ソ連政府の許容線量をめぐる動きに戦慄を覚えざるをえない。

2

「計画的避難区域」に指定された福島第一原発から北西に位置する飯館村の菅野典雄村長は、原発事故から三カ月すこしたった時点で、当時の状況を振り返った『美しい村に放射能が降った―飯館村長・決断と覚悟の一二〇日―』で当時の状況を振り返っている。

菅野村長は自分たちが原発事故の状況の情報がまったく伝えられないままに、農業と畜産を中心とした村民の生命と生活を守るために、どれほどの苦しい対応をせまられたのかを伝えている。原発事故からおよそ一カ月後に政府から発表された「概ね一カ月を目途に実行されることが望まれる」とされた「計画的避難区域」通告によって、それまでの村の静かな生活は一変する。菅野は避難期間が明示されないままに、避難後の村民の健康と生活、とりわけ、農業と牧畜においては土壌汚染がもっとも大きな課題となったことを指摘する。

このように福島原発の事故処理は単に原子炉の問題だけではなく、今後は放射能汚染土壌の除染などが大きな問題となる。現在の状況もそこから大きく改善されたとはいいがたい。

放射能除去には、化学などからの技術方法の確立の可能性を探ることも大事となるのではあるまいか。しかし、放射能物質を分解できる微生物などの発見と応用がどこまで可能なのか。日本の科学技術や工業技術を放射能への対応のなかで確立させる必要がある。

放射線問題は旧ソ連時代におこったチェルノブイリ原発事故のときからいまにいたるまで取り組まれてきた。このことは日本人にとって決して他人ごとではなかった。

除染についても、単純で簡単な作業ではない。放射線量が高い道路などを高圧洗浄水で除染を行っても、もともとそこにあった放射性物質が消え去るわけではない。道路脇などに付着した放射性物質は雨が降れば地中へ、地面が乾燥すれば空気中に飛び去り、やがて道路に降り注ぐ。とりわけ、森林のなかの樹木の枝葉の一つ一つを除染することは困難である。汚染地域のがれき処理もまた頭の痛い問題として残り続ける。

チェルノブイリ原発事故と同様に福島第一原発事故においても、放射能汚染は単に福島第一原発周辺の地域だけではなく、その後の測定調査でも湖沼や内湾などでも放射性セシウムが検出されている。これはセシウムを含む泥や土砂などが河川から湖沼や内湾に流れ込み、そこに滞留しやすいためである。

必然、そこからは国の食品放射能基準を越える魚介類が福島県、茨城県、千葉県、栃木県や東京湾でも採取されている。今後、湖沼や内湾の放射能汚染問題を解決するには、放射能物資の除染が進んでいない森林での落ち葉や枝葉の除去が必要となってきている。

チェルノブイリ原発事故が起こった一九八六年四月二六日―北欧などで高い放射能値が観測されているなかで、旧ソ連政府はこの三日後に事故を発表―、旧ウクライナ共和国で起こったこの大惨事は、当初、地域住民へは知らせられず、避難の指示が為されなかったのである―避難指示は三六時間後であった―。

その後、放射能による健康障害が次々と起こっていった。旧ソ連政府が放射能汚染地図を国民に公開したのはこの事故からさらに三年あまりが経過してからであった。

前述の七沢清はチェルノブイリ原発事故の歴史は欠陥原子炉の隠蔽の歴史であると同時に、旧ソ連の崩壊で十分な補償が行われなかった被害者の苦しみの歴史であったことを明らかにしている。

原子炉設計の欠陥については、七沢は国家原子力安全監視委員会の副委員長であった人物「実は原子炉の欠陥が真の事故原因であったことは、八六年の五月の段階で、政府の事故調査委員会、そしてソ連政府の上層部にまでも、十分よく知らされていたのです。その証拠に、事故後すぐにＲＢＭＫ型原子炉（黒鉛減速チャンネル型原子炉―引用者注）の制御棒の改良をしています。それにもかかわらずソ連政府はあの当時、意識的に偽の情報を世界の前に、そしてソビエト国民の前に出していたのです」と紹介している。七沢はこの隠蔽の背景には、旧ソ連版「原子力ムラ」の構造があったことを指摘する。

放射線の影響は、単に外部被曝だけではなく、内部被曝の問題もあり、それが短期的ではなくきわめて長期―遺伝子などが傷つけられたことで次世代以降のことも含め―にわたって影響が懸念される。チェルノブイリ原発事故で日本の総面積の半分近くの土壌が汚染されたとされる旧ソ連でも、小児甲状腺がんがとりわけ放射能汚染が大きかった地域で多いこともその後の調査でわかってきている。

これは疾患の医療問題ではなく、そうした不安を抱えて生きなければならない人びとに大きな心理的不安を引き起こし続ける社会問題でもある。この点もまた、福島後のわたしたちが向き合わなければならないことである。これは熊本県の水俣地方で工場廃液によって汚染した魚介類を食したことで集団的に発生したいわゆる「水俣病(*)」がもたらした問題の構図でもある。

3

内部被曝については、外部被曝のように何ミリシーベルトを超えると一挙に人体に影響が出るという「閾（しきい）値」が存在するわけでない。低線量でも内部被曝の場合、高線量の被曝と比べて単位線量あたりの危険度は長期的にむしろ高まることが広島・長崎の原爆被爆者のデータから予想されている。

とりわけ、細胞分裂が活発な低年齢層の子どもにとって内部被曝問題は、わたしたちが長期間にわたって抱え込まざるを得ない深刻なものである。この種の問題は単に医学的あるいは技術的なものではなく、社会的な課題でありつづけるのである(**)。

内部被曝問題は、とりわけ、乳幼児や小さな子供をもつ家庭にとって、毎日食べる食物や飲み物などの放射線量に敏感にならざるをえないなど心理的な負担をつねに強いることになる。この問題については、政府だけではなく地方自治体、食品商社や卸売業者などが食品や飲料の

＊水俣病―原因は工場排水の有機水銀―メチル水銀―であり、四肢の感覚障害、言語障害、視野狭窄などが引き起こされる。熊本県の水俣湾の水銀に汚染された魚介類の中で水銀がさらに凝縮され、その魚を日常的に食べていた猫、さらには漁民とその家族に先にみた病状が出た。また、妊娠中の母親の場合、その胎児にも障害が起きた。いわゆる先天性水俣病で、知能発達障害、運動機能障害などが報告されるようになった。

この水俣病は昭和二八［一九五三］年～昭和三四［一九五九］年にかけて発生したが、その後、新潟県阿賀野川流域でも同様の症状（第二水俣病）を訴える人たちが出てきた。水俣病被害の認定については、診断基準をめぐって長期間にわたって裁判が続いた。

＊＊社会的課題の一つは人権問題である。それは先にみた水俣病の教訓がわたしたちに指し示すことである。あるいはカネミ油症にも共通する課題もある。カネミ油症事件の研

放射能検査を実施して、その数字を発表することだけが主な対策ではない。

放射能の測定の結果、その地域が放射能汚染食品などに対してどのように具体的な対応を進めていくのか。さらには、農家などがどのように対応していくことが可能なのか。消費者だけではなく、生産者も含めて内部被曝問題の解決への模索を続けざるを得ない。今回の原発事故については、従来の公害にかかわる健康被害とは比べものにならないほどの影響を及ぼし続ける。

水俣病を通じて水俣学の必要性を訴えてきた医師の原田正純（一九三四〜二〇一二）は、有機水銀によって多くの住民、とりわけ、幼児、小児、老人、病人などの「生理的弱者」が最も深刻な影響を受けてきた。にもかかわらず、その原因の解明と健康被害者の救済にとんでもない時間が費消されたところに、日本社会の構造的病巣を見いだしている。なぜ、産業界、医学界、法曹界、そして行政と政治が長期間にわたってその壊滅を先延ばしにしてきたのか。

原田は水俣病の原因が公式的にみとめられたにもかかわらず、公害健康被害を否定してきた認定審査会や、環境省などの責任が問われず、長期間にわたって病気だけではなく差別に苦しんできた患者の痛みをわたしたちは理解すべきであると指摘する。

水俣病では、有機水銀が環境を通じて植物連鎖に波及し、最終的に人びとを苦しめた。原田は『豊かさと棄民―水俣学事始め―』で原子力発電などによって生み出された放射性物質についても強く意識したうえで、有機水銀による水俣病の教訓についてつぎのように指摘する。

「現代では、自然界にあってもごく微量にしか存在しないものを地下から掘り出し濃縮し、大量に消費するようになった。その代表格が放射性物質であり、水銀であろう。さらに人類は、自然界に存在しない化学物質を開発し、大量に生産してきた。……このような状況を作

究者である下田守は「水俣病とカネミ油症―共通の問題を中心に―」で「汚染」、「健康被害」、「人権侵害」の三つの側面から二つの健康障害の「社会的事象」のあり方をとらえる（熊本学園大学水俣病研究センター『水俣学研究』第五号―二〇一四年―所収）。

下田は「厚生行政当局と影響力をもつ医学者たちは十分な実態把握を怠り、実態より狭く病像を固持し流布させていたから、多くの医師は十分な情報がないまま誤った先入観をもって患者に対応することになる。……医療や医師だけの問題ではなく、看護、栄養、介護、薬局、漢方、鍼灸など健康の維持管理に必要なさまざまな分野、職業で似たような問題が起こり得る。このような広い意味での医療・福祉の保障を十分に受けらない状況は人権侵害の一面といえるのではないだろうか。」

こうした状況はマイナス・イメージの流布によって作り出された側面がある。下田はつぎのように指摘する。「視

り出したのは、たかだかまだこの百年ではないか。百年という時間は、生物の進化の歴史からみれば、ほんの瞬きの一瞬にすぎない。そのわずかな間に、人類はとんでもない過ちを犯そうとしているのではないか。」

原田は地元の水俣地区だけではなく、新潟県やカナダなどの「水俣病」患者の状況の調査を通して、社会的に弱者である立場の人たちが環境汚染の被害を受け、決してこの逆ではないことに気づいたという。原田はつぎのように振り返り、「水俣学」の確立を主張する。

「最初、水俣病患者の家を訪ねた時、患者たちの病気のひどさもさることながら、その貧困と差別の苛酷さにショックを受けた。そして、この貧困と差別は水俣病が起こったために生じたと考えた。しかしその後、いくつかの国内外の公害現場を訪れた結果、私は差別のあるところに公害が起こることを確信するにいたった。……環境汚染によって発生する健康被害は、生理的弱者と社会的弱者が真っ先に影響を受けるというのも特徴と言える。したがって水俣学は、そのような弱者の立場に立つ学問を模索したい。……そのような立場に立とうするには既存の枠組み（装置）を破壊するエネルギーが必要であり、権威主義、官僚主義、保守主義などを変革する学問でなければならならない。」

水俣病においても、健康被害者たちは医学上の治療以前に、政治や行政の責任回避の行動によって苦しまざるを得なかったのである。原田は「公害とは決して公的なものではなく、私企業の犯罪的な行為に等しいが、それに対して検察が動かないために、民事の損害賠償請求というかたちにしかならないのがこの国の特徴である。そして、その陰に、行政の責任が隠れてしまう」と指摘する。

原田のいう水俣病をめぐる社会的な構図は、そのまま今回の原発事故もまた悪しき産官学連

覚的なイメージの形成が偏見・差別を助長する面があると言えよう。水俣病では当初の急性劇症型の映像、油症では特徴的な皮膚症状の映像が、繰り返し報道されることで人々のイメージを形成していった。……多様な被害の実態が知らされず重症例だけが衝撃的な映像で繰り返し伝えられることによって、病気への無理解や恐れなどの偏見が増幅された。たとえば、実際には汚染されていても病状が軽い者は病気の関連は考えず、患者との接触を避けようとした。加えて、胎児性患者のイメージの形成が偏見をさらに強くしたと考えられる。……胎児性水俣病でも胎児性油症でも実際に重症例ばかりでなく、成長するにつれて社会に適応した例が少なくないが、そのことが報じられることは少なかった。そのため、結婚や出産をあきらめたり相手に隠して結婚したりする例が続出した。このようなイメージ形成による偏見が差別を一層深刻にしたのである。」

携の公害であることを強く示唆している。そこにあるのはまさに顔のない無責任の産官学体制であった。原発公害の被曝による健康被害とはまさに水俣病であり、わたしたちはこの教訓を生かさず、同じことを繰り返したのではあるまいか。「福島学」の必要性がある。

福島と福島原発事故との連鎖イメージも同じ経過をたどる可能性もある。わたしたちは水俣病やカネミ油症の残した教訓をどのように生かしていくべきかが問われてもいるのである。

放射能と健康

1

今後の健康被害の可能性について、東京電力の原発技術者をへて内科医となった小野俊一は、『フクシマの真実と内部被曝』で、放射能汚染地域における農業の見直しはもとより、高濃度汚染を被った地域での植物や動物の観察の必要性に加え、内部被曝による人びとの体調変化に気を配るよう注意を喚起する。

小野医師は、カナダのアブラム・ペトカウ医師（一九三〇〜二〇一一）が低線量被曝の細胞に与えるきわめて深刻な影響を明らかにしたいわゆる「ペトカウ効果」について、つぎのように指摘する。

「外部被曝三五シーベルトの影響が、内部被曝七ミリシーベルトで同じ影響が起きること。すなわち、内部被曝が外部被曝の五〇〇〇倍も影響力が高いと言うことを意味します。これは、内部被曝も外部被曝もシーベルトが同じであれば、全く同じと言っている論拠がなくなります。この明白は結果さえ、『科学的』ではないとして、現在の医学界ではまったく認められていないのです。なぜ、内部被曝をこれほどまでに軽視できるのでしょうか。」

小野医師は内部被曝を軽視してきた広島・長崎の被爆者データにも疑問を呈し、内部被曝を重視した検査体制や監視体制の早急な立ち上げを強調する。今回の原発事故による放射能被害は狭い地域だけではなく、きわめて広範囲にその影響を及ぼし続けるだけに、わたしたちが日常生活において、とりわけ、内部被曝の問題と直面しなければならない。

自らも広島の原爆で被爆し、長期間にわたって原爆病治療に従事し内部被曝による晩発性障害の問題を訴えてきた医師の肥田舜太郎も、放射線医学の一刻も早い組織的な確立を主張する。肥田は『被爆と被曝―放射線に負けずに生きる―』で、米国が犯した大罪は「放射線医学の進歩を遅らせたこと」であるとして、つぎのように指摘する。

「米国は、圧倒的なお金と人と力を使って放射線被害の調査はしましたが、その成果は医療には生かされなかった。日本人にも世界の人にも知らせなかったからです。そのツケが回ってきている。日本だけでなく、世界のあちこちで被曝する人が増えている中、放射線医学は、これからますます欠かせないものになっていきます。でも、被曝国の日本でさえ、医療の教科書に被爆の問題は載っておりません。それはそうでしょう。そもそも臨床経験が豊富で、正しい知識をもった医師はいないのです。……放射線医学が進歩して、人体に及ぼす健康被害を知らなければ、人々の原子力や核に対する認識も甘いままです。」

肥田医師の指摘する「米国は、圧倒的なお金と人と力を使って放射線被害の調査」の実態については、米国人ジャーナリストのアイリーン・ウェルサムの『プルトニウム・ファイル―いま明かされる放射能人体実験―』(邦訳『プルトニウム・ファイル―冷戦時代の米国秘密医学実験―』)に詳しい。冷戦時代の核戦略の台頭は、放射線の健康被害の深刻性が隠蔽されることによって可能であった。

放射線の影響は、人びとの健康被害に直結する内部被曝や、それを常にもたらす可能性がある土壌汚染の問題にとどまっているわけではない。福島原発事故の原子炉が循環的に冷却されていない以上、汚染水は今後も増え続ける。土壌の除染もさることながら、増え続ける汚染水対策が今回の原発事故の大きな課題である。

オリンピックの東京誘致をめぐって安倍晋三首相の「汚染水はコントロールされている」という発言に対して、その対応に当たっている東電自身の否定的な発言や専門家からも本格的な対応策が、いまもって不完全である旨の発言が相次いだ。

反面、汚染水管理が政府のオリンピック開催のための国際公約となったことで、対応は東電任せではなく、政府がその指導に当たらなければならない。事実、そのための組織づくりと対策予算が決定された。現実として、技術的に汚染水に含まれる有害放射性物質をすべて除去することなどできるのだろうか。その間にも増えつづける汚染水が海へ漏れだすことを防ぎ、また、地下水へも浸水することを防ぐことができるのか。現在もさまざまな試行錯誤が繰り返されている。

海岸に立地した福島第一原発の今回の事故は、陸地の汚染が中心であったチェルノブイリ事故と比べて、わたしたちは海への汚染という未知の課題に今後長期にわたって取り組まざるを得ない。

福島第一原発事故による放射線の影響調査を行ってきた木村真三は、インタビュー記事「定点観測・いま福島で起きていること（二一）」で、地下水汚染についても詳しい状況が報告されていない現状や放射線の住民の健康への調査体制の遅れを指摘する。

木村は、平成二五［二〇一三］年九月中旬に地元漁協の協力を得て、福島第一原発の敷地の南北にある排水口付近と港湾防波堤付近に近づき、自ら海底土壌のサンプルを採取したことを明らかにしている（『新潮四五』二〇一三年一一月号）。

木村は、サンプリング調査について、「現場で改めて気づいたのは、原発の南北の排水口は、安倍首相が『完全にブロック』と発言していた港湾の外にあるということだ。……台風の影響で海底の泥を採るのは非常に困難で、泥の上にある砂ばかりとなったが、一キロあたり一〇〇ベクレルを超えると赤く光る測定器は、原発の排水口や港湾入り口付近の外の三カ所で採取した砂を入れるとすぐに赤く光った。水中に沈めた測定機も、放射性物質を感知している」とふれ、汚染水の影響についてつぎのように指摘する。

「オリンピック招致の際の首相発言のように、『放射能汚染がコントロールできている』と言える状況ではないことである。汚染は港湾の外でも確認され、『原発港湾内でとどまっている』という原子力規制委員会の発表も、適切ではない。また、影響の強い核種であるトリチウムがどのぐらい含まれているかについても、測定数が極めて少なく全容はつかめていない。政府は先日、福島第一原発の沖合で海底の放射線セシウムの詳細な汚染調査を行う方針を発表したが、トリチウムについて言及がなされていないのは問題のすり替えになっていないだろうか。」

木村が言及しているのはセシウム一三七である。この物質の半減期はおよそ三〇年であり長期にわたりベータ線とガンマ線を放出し続け、染色体や遺伝子の突然変異を引き起こすといわれている。このセシウム一三七については、チェルノブイリ原発事故で高濃度の放射能汚染されたベラルーシ共和国ゴメリ州の当時、ゴメリ医科大学学長であったバンダジェフスキー(*)は、

＊バンダジェフスキーの報告書はベラルーシ政府の公式見解とは異なっていたことから、別件逮捕のかたちをとり、八年の禁固刑で投獄された。その後、国際社会からの批判もあり、刑期は五年に軽減されたものの、ベラルーシ国内で復職できなかった。

同付属病院で亡くなった多数の患者の解剖による臨床研究と動物実験からセシウム一三七の内部被曝の危険性を訴えていた。

バンダジェフスキーは『放射性セシウムが人体に与える医学的生物学的影響―チェルノブイリ原発事故被曝の病理データ―』で、「一九九〇年から一九九九年にかけて、数千人の成人と子供の健康について数多くの科学的研究を重ねてきた」自らのデータを踏まえたうえでつぎのように指摘する。

「チェルノブイリの災害以来、『弱い放射能』ということばが世間に導入されてきた。……しかし『弱い放射能』の考えは外部被曝だけに当てはまる。放射性元素が体内に取り込まれた内部被曝では事態は一変する。その影響はかなり大きく、放射性元素の崩壊による放射線とそれが生体組織と細胞の代謝過程にもたらす毒作用が問題になる。……入手可能な科学的データに基づけば、とくに体内放射能に関しては、無害な被曝量ということばを使える根拠はまったくない。」

バンダジェフスキーは放射能セシウムに「閾値」があることを否定し、「わずかでも生体の臓器に取り込まれると、疾患が悪化したり、ほかの疾患との合併症を引き起こしたりする危険性が非常に高くなる。セシウム一三七の臓器への親和性も考慮に入れる必要がある。まず、心筋に取り込まれ、深刻な組織病変と代謝変化をひきおこす」と警鐘を鳴らす。

この放射性物質について、東電は平成二五［二〇一三］年一〇月一〇日に採取した海水から検出したセシウム一三七の濃度が前日に比べて急上昇―十数倍―した旨の発表を行っている。木村の指摘した水素の放射性同位体のトリチウムの半減期は一二・五年とこちらの影響期間も長い。

東電は一〇月一七日に井戸から採取した地下水から高濃度のトリチウム―国の放出限度基準の十数倍―を検出したことに加え、半減期はおよそ二九年でベータ線を放出し、骨肉腫や白血病を引き起こすとされるストロンチウム九〇も検出したことを発表した。

木村は、風評被害などに苦しむ漁業関係者たちの取り組みについて、「原発の海域を魚場とする地元の漁師たちにとっては、汚染水問題は生業に関わる重大事項である。彼らは原発事故発生以降、漁業ができない間は海中のがれき撤去や海上での放射能調査に従事し、漁業再開のためのあらゆる努力を行ってきた。一つの魚種に対し、何十回も試験的な水揚げと測定を繰り返し、結果を公表している。……相馬双葉漁協の事務所は、一時は津波に水没した相馬市松川浦に佇む。生活の術を奪われながらも、淡淡とできることを積み重ねている漁業者たち。福島を訪れたことのない人は、こうした人々の前向きな姿を一度は見て欲しい」と漁業関係者の取り組みを紹介している。

いずれにせよ、わたしたちは、こうした放射線について何世代にもわたって取り組まざるをえない。汚染水に象徴される海や地下水の汚染、土壌汚染など自然界への影響とわたしたちの健康問題がそこにある。この種の問題は、どの程度までの放射線量であれば安全で安心なのか、という「安全・安心」問題という観点から論じられて当然である。

2

時間を平成二三［二〇一一］年三月に戻せば、放射線被害の範囲をめぐって日本社会は大きく揺れた。福島第一原発事故から半年間の時点で、約一五万人が自宅を後にして避難していた。避難時期と避難範囲の問題は、どの程度の放射線量までは健康被害をもたらさないかの問題でもあり、多くの人たちは専門家の意見に耳を傾けた。

とりわけ、小さな子どもをもつ家庭にとっては、原発事故による放射線量の多寡は最大関心事であった。原発事故の翌月には、文部科学省と厚生労働省が福島県内の学校等の校庭・後者等の利用の際の安全と思われる「暫定値」を示した。その後、内閣官房参与となっていた放射線安全学の小佐古敏荘教授がこの暫定値に異議を唱え、辞任した。この辞任劇が専門家のなかで安全な放射線量について一致した見解がないことを明らかにした。

その後も専門家のさまざまな見解によって、放射線量、とりわけ、一〇〇ミリシーベルト以下の「低線量」の安全性と危険性をめぐる論議を呼んだ。このことにより、不安が醸成されていくことになる。宗教学者の島薗進は、『つくられた放射線『安全』論―科学が道をふみはずすとき―』で、電力会社や政府の姿勢もあるが、放射線量をめぐる健康問題の根幹には、科学者や専門家の責任―無責任―があるとつぎのように指摘する。

「実際に、放射線の健康リスクに関わる情報を提示する際に主導的な役割を担ったのは、その領域の専門家とされる科学者たちだったからだ。そして、被災地や一般市民から問いを投げかけられ、それに答えることができずに不信をまねき続けたのもまた専門家や学者たちだった。」

島薗は、こうした問題意識の下で、放射線の専門家―にわか専門家も含め―たちの言説の分析を進めている。放射線量については、専門家たちの議論の大きな柱の一つは「閾値（しきいち―LNT―）なし直線」（Liner Non-Threshold）―モデルというわたしたちにはあまりなじみのない考え方であった。

島薗は、この閾値仮説モデルをめぐっては、原子力推進派と慎重派の対立があったことを指摘し、その異なる論点こそが重要であるとして、このモデルに関する専門家たちの意見の相違を問題視する。

閾値とは、ある反応を起こさせる最低量のことである。放射線との関係については、電力中央研究所（電中研）・原子力研究所・放射線安全研究センターによるつぎのような説明がある。

（一）このモデルについて――「放射線の被ばく線量と影響の間には、しきい値がなく直線的な関係が成り立つという考え方を『しきい値無し直線仮説』」と呼んでいること。

（二）放射線による確定的影響と確率的影響について――「放射線の人体への影響は、「確定的影響」と「確率的影響」の二つに分けることができます。このうち、確定的影響には主に高線量被ばく時に見られる障害で、脱毛を含む皮膚の障害や、骨髄障害あるいは白内障などが含まれ、それ以下では障害が起こらない線量、すなわちしきい値のあることが知られています。一方、発がんを中心とする確率的影響については、一個の細胞に生じたＤＮＡの傷が原因となってがんが起こりうるという非常に単純化された考えに基づいて、影響の発生確率は被ばく線量に比例するとされています。しかし、実際には、広島・長崎の原爆被爆者を対象とした膨大なデータをもってしても、一〇〇ミリシーベルト程度よりも低い線量では発がんリスクの有意な上昇は認められていません。これよりも低い線量域では、発がんリスクを疫学的に示すことができないということ」とされる。

（三）なぜ「仮説」なのかについて――「確たる情報に乏しい低線量の範囲について、放射線防護の立場からリスクを推定するために導入されたのがＬＮＴ仮説です。低線量放射線の影響についてはよくわからないが、影響があると考えておいた方が安全だという考え方に基づいたもので、科学的に解明されたものではないことから「仮説」と呼ばれています」。

（四）閾値なし直線仮説の問題点について―各種の線量限度等を勧告している国際放射線防護委員会（ICRP）でも、「この仮説は放射線管理の目的のためにのみ用いるべきであり、すでに起こったわずかな線量の被曝についてのリスクを評価するために用いるのは適切ではないとしています。それにもかかわらず、微量の被ばくに対してLNT仮説を用いてリスクが評価される場合が後を絶たず、このような情報を受け取った一般の方々に誤解を与え、放射線に対する恐怖感、不安感を助長する結果になっています」とされる。

（五）低線量放射線研究からわかってきたことについて―「これまでの当センターを含めた多くの低線量放射線研究から、LNT仮説では説明できない事例が数多く見つかっています。また、当センターを含めた国内外の研究成果をとりまとめた「線量・線量率マップ」からは、放射線は一度に被ばくした場合と、少量ずつ時間をかけて被ばくした場合とでは影響が異なることも明らかになっています。このことは、放射線作業従事者が少量の放射線を何度も被ばくするような場合には、LNT仮説から予想されるよりも実際のリスクはずっと小さくなることを示唆しています」とされる。

要するに、「閾値なし仮説モデル」とは、放射線量はどこまでが安全であるかではなく、放射線そのものが危険であることを示唆する。もし、このモデルが妥当しないとすれば、原子力発電事故の健康への影響の解釈も異なる。

島薗は、これらの点が争点になった時期とその背景について、「一九八〇年代の後半からだ、そこでの焦点の一つは、LNTモデルを否定することだ。LNTモデルがあるから放射線防護規準は厳しくしなくてはならない。そのために原発のコストが上がってしまう。そこでLNT

モデルを否定するための科学的データを提示することに努める。このような研究動向は一九八〇年代の後半以降、電中研ついで放医研（放射線医学総合研究所──引用者注）から全国の研究機関へと拡充していった」と指摘する。

島薗は、ＬＮＴモデルの議論に参加した専門家が決してニュートラルな立場ではなかったことを示唆する。島薗は福島原発事故という緊急時の被曝状況＝「科学情報」について、「政府や専門家が『安全』が何であるかを決めてしまえば、後はそれを伝えて安心させればよいことになる」というある種の偏向があったとみる。政府の原子力政策に深く関わったいわゆる原子力ムラ──インナーサークル──の専門家たちの言説だけが独り歩きしたことを振り返れば、島薗の指摘は首肯できる。

3

放射線被曝量をめぐる構造は、それが単に専門家の科学的取り組みのあり方である以上に、そこには島薗の指摘する原子力をめぐる日本の社会構造があった。オランダの新聞の日本駐在特派員の経験をもち、日本社会論を展開してきたウォルフレンは、『日本の知識人へ』で日本の知識人グループには「二つの有害な伝統」が存在してきた、とつぎのように強く主張する。

「日本は二つの有害な伝統があって、これが日本知識人の政治的未成熟を持続させる総体的な態度を形作っていることがわかるだろう。一つは、現行の社会管理システムなら、どんなものでも支持するという強い伝統であり、もうひとつは、現在の支配的状況について何かを仕出かそうとするのは子供じみている、と潜在的な反抗分子に悟らせる、これまた強力な伝統である。」

ウォルフレンも島薗と同様に、日本社会での「学者と官僚との関係」がきわめて特殊であるとみたうえで、新聞などいわゆるマスメディアもまたそうした関係のなかに取り組まれていることを問題視する。

この関係は今回の福島原発事故後の放射線量の「安全と安心」をめぐる構造でも共通して確認できる。たしかに、そうした構造は今回の原発事故の混乱のなかで目にみえるかたちで露わになった。だが、日本の政策決定をめぐる学識経験者などから構成される審議会政治においても、従来から広範に見られてきた傾向でもあった(*)。

現段階でも、福島原発事故の終息までの道筋がまだ明確になってきていない。これからもきわめて長い期間にわたってわたしたちは放射線と健康問題に取り組まざるを得ない。その解決には専門家などからの情報開示、そして専門家とわたしたちとのより開かれた関係が必要なのである。振り返ってみれば、原子力発電については、その軍事的出自のために、その放射線被害については隠蔽と過小評価の歴史があった。

ピューリツア賞ジャーナリストのアイリーン・ウェルサムは、クリントン政権の時代になってはじめて明らかになったプルトニウムの人体実験など―プルトニウム注射―の被害を丹念に追った『プルトニウム・ファイル―いま明かされる法正能人体実験の全貌―』で、その実態を徹底的な取材から明らかにした。

ウェルサムは、当時、米ソ冷戦による核攻撃の恐怖が必要以上に流布された背景の下での原子爆弾と放射線被害―多くの人たちに実験の内容を伝えずその実験材料とした―について、つぎのようにふれている。

「武器製造業者は、仕事を続け、核医学や原子力発電などの新分野を育てるには、核兵器

*その一例についてはつぎの拙著を参照。寺岡寛『日本の中小企業政策』有斐閣、一九九七年。

に向けた国民の恐怖心をなくさなければと考えた。それには、『原子力は友だち』とか、核エネルギーは体に何もしないとか、攻めの宣伝が欠かせなかった。宣伝活動はすさまじかった。……アメリカ国民は半世紀もの間、放射能人体実験の全容をほとんど知らなかった。秘密主義と、核爆弾の開発にかかわった人たちの狭量さと純粋培養主義が合体し、実験の情報が包み隠されたのだ。……放射能規準を決める委員会をとり仕切り、人体実験計画委員会の顧問になり、原発事故の調査にあたり、放射線障害訴訟では専門家として証言したかれらは、ぬくぬくとした職業世界にいた。」

これはまさに原発をめぐる原発ムラの構造そのものの歴史である。ウェルサムは、今後の方向について必ずしも楽観的予想を語ってはいない。彼女は頻繁に行われ続けた大気中あるいは地中の核実験で「ベビーブーム世代なら全員、体内にプルトニウム原子を何個か抱えているのだ」としたうえで、つぎのように指摘する。

「(クリントン政権下のエネルギー省長官などが進めた—引用者注) 公開文書は武器開発の暗部をさらけ出し、国民の理解と意思疎通の基礎を敷いた。これで政府の信頼も回復されます、とクリントンは胸を張ったのだけれど、ほんとうに信頼できるのは、これからも終始一貫、政府が正直だった場合にかぎる。情報公開からまだ日が浅く、この先にいくつも落とし穴がありそうだ。塀の内と外には、今なお無用の秘密と大きな距離があるのだから。」

わたしたちは、日本の原子力発電をめぐる動きを振り返れば、ウェルサムの指摘にたいして、「日本は違った」と胸など張ることなどできない。こうした悲劇の歴史をこれ以上くりかえしてはならない。

共助社会へと

1

福島原発事故の広範囲にわたるさまざまな社会的コストの負担は、今後とも、わたしたち国民全体が背負わざるをえない。そのための「共助社会」の構成原理をわたしたちは打ち立てていく必要がある。

そのためには、あらためて福島原発事故に至った正確な経緯という真実を明らかにしていく必要がある。この点を風化させ、これから何世代にもわたって負の負担を背負わせることには問題がありすぎる。

わたしたちにとって放射能とは、広島と長崎への米国による原爆投下と唯一の被爆国―被曝国ではない―であり、その後、マーシャル諸島で行われた米国による世界初の水爆実験の死の灰を浴びたマグロ漁船の第五福竜丸事件でのいわゆる被害者という視点からもっぱらとらえられてきたのではあるまいか。

すでにふれたが、第五福竜丸はビキニ環礁北東約八〇海里で操業中に被爆し、乗組員二三人がのちに原爆症として診断され、日本の原水爆禁止署名運動を生み出した。

ここで忘れてはならないことはこの水爆実験が単発のものではなく、その後も何回も行われたことに加え、また、第五福竜丸が単独に操業していたはずもなく、日本各地からも船団が組まれ操業していたことである。程度の差こそあれ、多くの日本の漁民が被爆した。

漁船だけではなく、その海域を通過していた一般船舶も被爆の危険にさらされていた。さらに、いわゆる死の灰の影響は日本などを含め周辺諸国に及んでいた。そして、何よりマーシャル諸島の住民がかなりの線量の被爆をしていた。

マーシャル諸島は太平洋中央のミクロネシア東部の珊瑚島・環礁からなる共和国である。第二次大戦までは日本の信託統治領(*)であり、昭和二二［一九四七］年からは米国の信託統治領となり―一九八六年には独立―、前述のビキニ環礁とエニウェトク環礁で核実験が行われてきた。ビキニ環礁での核実験の影響を被ったのは日本人船員だけではなく、そこに生活していた住民たちもまたそうであった。

＊信託統治―国際連合の監督下で信託をうけた施政権をもつ国が統治する過渡的なものである。

昭和二九［一九五四］年の水爆実験のマーシャル諸島住民への影響については、マーシャル諸島で水爆実験後の社会変化を追ってきた社会学者の中原聖乃は、『放射能難民から生活圏再生へ―マーシャルからフクシマへの伝言―』で「水爆実験の被害を受けたのは、直接の被害者八六人、核実験後汚染され故郷に移り住んだ約一七〇人、そしてその子孫である。八六人の被ばく者の多くはすでに亡くなっており、二〇一二年八月二五日現在では一五名となっている」と指摘している。

いまやその水爆実験から六〇年ほどが経過し、その事実も風化しつつあるなかで、米国政府とマーシャル諸島共和国との住民被爆については和解が成立していない。そうしたなかで、二〇〇四年三月に首都マジェロで、米国側の「ブラボー水爆事件五〇周年記念式典」が開催された。

マーシャル諸島の島民たちは、米国大使の式典スピーチにブーイングで応えたという。中原は、マーシャル諸島側の複雑な事情を指摘する。その背景には、島民たちが当時の水爆実験についてきちんとした情報提供を受けていなかった事実がある。中原は当時の状況を知る人たちへのインタビュー調査を踏まえて、島民たちの不信感をつぎのように紹介している。

「昼前から『白い粉』が降りそそぎ始めても、危険だと思う人はいなかった。上空を旋回していた米軍の飛行機が核実験後の様子を確認する偵察機であることを知る由もない人びとは、米軍が上空から薬を撒いていると思った。しばらくすると『白い粉』はあたり一面に降り積もった。

黄色く変色した雨水タンクの水を飲み、酸っぱくなったココヤシの実の果汁を飲んだ人。『雪が降ってきた』とおおはしゃぎの子供たち。そこらじゅう裸足で歩き回り、白い粉を集めて仲間にこすりつけあった。『白い粉』はブラボーの爆発時に大気中に放出された放射能を帯びたチリ、俗に『死の灰』と呼ばれるものであった。

夕刻になると子供たちを中心にして下痢、吐き気、頭痛といった苦痛を訴える者が出始めた。『死の灰』が体に付着したり、吸ったり、飲み込んだりして体内に取り込むことで、体の外側からと内側から放射線を浴び、急性放射線障害を発症したのだ。翌日になると、食欲不振、眩暈、嘔吐、下痢を起こした人が、全体のおよそ三分の二に上り、多くの人が皮膚の痒みと焼けるような痛みを感じた。島の診療所は患者であふれかえった。」

中原は、悲惨な水爆実験後のこうしたマーシャル諸島社会のその後の変化を追いつつ、福島原発事故への教訓を念頭において、「フクシマへの伝言」を探っている。中原は「マーシャル諸島の事例からは現状回復よりも現状支援の必要性が明らかになった。これを福島に適応して考えることは可能だろうか」と問いかけ、つぎの点を提起している。

（一）福島県内にとどまった人たちと福島県を離れた人たちとの関係の変化――「重要になっ

てくるのが、故郷を離れて避難生活をしている人と故郷に残る人の間の関係性を保持するための手段を確保すること」。

(二) 除染作業と疫学調査について――「除染作業は完全には行えない。……個人に明示されない医学調査の開示を求めることはもちろん必要だが、自分たちが感じている日常的な不調を記録しまとめる作業は必要になるのではないか。それが、将来役になってくるのではないか」。

これらの指摘以前に、中原は人類学者の視点から、「人体への影響がわからないものを、地球温暖化対策、経済効率、経済効果など別の論理で説得されてきた。……原発に反対する論者は、経済効率性に疑問を呈したり、核のゴミの処分方法が未定であることから反対してきた。人類学者としては、地域の人びとの営みを壊すという側面から反対する方法もあると考える」と主張する。

たしかに、放射線の人体や自然体系への影響の範囲をどこまでとらえるかという技術的な問題に加え、医学的な問題もある。より直接的には汚染水や土壌汚染といった早急な解決を迫られている問題もある。

だが、中原の指摘するように人びとの営みそのものの再生をともに支えながら、そのための共助社会をどのようにしてつくりあげていくのか。この課題を抜きにしては原発問題を語ることはできない。

とりわけ、外部被曝もさることながら、内部被曝の健康面への影響については、今後も長期間にわたって、原発問題の大きな課題でありつづける。甲状腺疾患の専門医としてチェルノブイリ原発事故後の現地での医療支援活動を五年半にわたり取り組み、その後、松本市長を務めることになる菅谷昭は、今回の福島原発事故について、松本市での具体的な取り組みを紹介したうえで、『これから一〇〇年放射能と付き合うために』でつぎのように指摘する。

「私たちの戦いは今まさに始まったばかりです。チェルノブイリ被災地では、事故から五年ほど経って健康被害が急増しました。そして二五年余経過した現在も、終息していません。汚染された土地で暮らさなければならなくなった私たち日本人も、これからどのように生きて行けばよいか、長い目で考えていく必要があります。」

放射性物質はそれが体内に取り込まれると、蓄積された場所で放射線を出し続け細胞を傷つけることが知られている。体内取り込みルートについては、鼻や口から入る「経気道的」ルート、皮膚から入る「経皮的ルート」、毎日の食事を通じて食品から入る「経口ルート」がある。医師でもある菅谷は、こうしたルートを回避し健康被害を防ぐには高度汚染地域から「地域ぐるみで移住できる方法を考えるべき」として、そうした地域に「子供や妊産婦を住まわせることは国の罪」とまで言い切る。そうでなければ、菅谷は疾患としての甲状腺がんに加え、被曝によって免疫系の活性が低下することによるウィルス性肝炎や呼吸器系疾患などの感染症などが今後予想されると警鐘をならす。菅谷はいう。

「今、チェルノブイリ事故による深刻な健康被害はがんではありません。むしろ、生体の免疫機能が低下し、呼吸器系を主とする感染症や貧血、疲れやすさを訴える若年者らがふえていること、併せて低出生体重児や早産、先天性異常なども増加しています。チェルノブイリの健康被害は現在進行形のため結論は出ていませんが、これらの事実は真摯に受け止めていかなければなりません。」

先ほどの経口ルートによる被曝については、「多くの場所で食品を測定できる」仕組みの構築、除染のやり方の改善など」地域が取り組むべき課題が多いことが指摘される。菅谷は「チェルノブイリから見える未来」について、多くのひとに放射能障害への不安が多くの人びとにとって「肉体的にも精神的にも大きなストレスとなり、この影響は計り知れないものがあり、まさに『いのちの危機』との闘いである」としたうえで、つぎのように指摘する。

「ひとたび、原子力災害に見舞われると、汚染当事国におきましては単なる健康被害への長期にわたる問題だけではなく、国の産業経済の発展や国民の社会生活における不安など、負の連鎖的影響として、きわめて重大かつ深刻な事態に直面し、長期間、そして場合によっては何世代に及ぶ負荷的要因が国の行く末を左右しかねないことも予想されます。」

こうした負の連鎖的影響は日本社会をいままで以上に共助社会へと立て直すことなくしては、原発問題の社会的影響を軽減することは困難である。共助社会の成立には、今回の福島原発事故の原因究明とその原因の因果関係を明示されることなくして成立しえない。

2

国は原子力事故から何も守ってくれない、という国民の不信感がある。そのため、地域社会による互助と地域社会相互の互助が必要であるとの社会的認識も強まった。とりわけ、今回の事故の責任と因果関係がいまだにきちんとは確定されていないなかで、共助社会への認識は深まりつつある。

この背景には原発事故をめぐる司法のあいまいな判断がある。一千名を超える福島県民は原発事故の翌年の六月に福島地検に東京電力関係者などに対して第一次の告訴を行い、その後、一一月には一・三万人をこえる第二次の告訴が行われた。

他方、電力会社などは今回の津波などを予想できず、安全対策や事故後の対策に過失を認めず、不起訴処分とされた。福島原発告訴団の代表となった武藤類子は、告訴に至った経緯と思いを原発事故後の一年後につぎのように語っている（『週刊金曜日』平成二四［二〇一二］年四月二〇日号掲載）。

「どうして東京電力の責任において除染は行われないのだろうか。どうして、Speed1（緊急時迅速放射能予測ネットワーク）の情報を隠した人が何の責任も問われないのだろう。どうして原発の再稼働は、安全性を軽視してきた同じ役人が判断する立場にいるのだろうか。どうして放射能『安全』キャンペーンにより人々に無用な被曝を負わせた人が、健康調査の責任者なのだろうか――。

震災から一年。どう考えても不思議で理不尽な話が、福島県で起こり続けています。人々はそれに翻弄され、がっかりし、疲れ果てて……解消もされない悲しみと怒りが、やるせない諦めとなって県内に漂っているような気がします。『復興』という言葉が空しく県内をこだましています。」

政府をはじめ、東京電力などはこの「どうして……」という基本的な問いを重く受け止め、それに対してきちんとした答えを用意してきたのだろうか。ここで言及されている原発事故後のおよそ三カ月後に開始された健康調査――「県民健康管理調査」――にしても、その経緯については「表向き」の検討会とは別に「秘密会」の存在が明らかになるにつれ、とりわけ妊婦や小さな子供をもつ福島県民の不安と不信を醸成させた。

この経緯はどうであれ、日本において情報公開のルールがきちんと整備されないままに、今回のような原発事故が起こり、その放射線と健康被害に関わる情報があいまいなままにされたことが大きな問題であった。

また、Speed1 については、なぜその情報が公開されなかったのかについて、その後、政府事故調査委員会などの報告書でも取り上げられたが、その見解は一様ではなかった。すくなくとも明らかになったのは、Speed1 の情報をどのように活用するのかについて、関係機関のなかでコンセンサスは形成されておらず、政府のトップですらその存在を知らなかったケースもあった。

さらに、この前提には原子力発電そのものの安全神話が、関係機関やそのトップに深く巣食っており、原発事故の想定がそもそもされていなかったことではなかったろうか。必然、Speed1 が有効かつ適切に活用される前提が無かったのではないだろうか。そこにあったのは無責任の連鎖だけであった。

こうした経緯を振り返ると、ため息が出る。福島原発事故が明らかにしたのは日本社会のあり方そのものであった。太平洋戦争の責任をめぐる東京裁判のように、外部からの勝者による裁きがあったものの、自分たちが自らその原因と因果関係を明らかにして自らを裁けなかった光景が、そこにオーバーラップするのはわたしだけなのだろうか。

共存共生へと

1

平成二四［二〇一二］年六月二〇日に発表された『東京電力社内事故最終報告書』は、地震の影響について計器、目視による確認によって安全上重要な設備が地震直後も安全機能を保持していたこと、地震による損傷は確認されておらず、また、耐震重要度の低い機器類も地震による損傷がほとんど認められなかったとした。したがって、全原子炉の冷却機能喪失はもっぱら津波の影響によって引き起こされたと結論づけた。

しかしながら、現場を知る関係者の発言からは老朽化した原子炉やその周辺設備が地震に対して脆弱であったことが伝わってくる。米国のスリーマイル島原発事故の場合、一定期間が経過してからの調査によってその経緯が明らかになったことを考慮すると、地震による原子炉状況についても早々に判断することは困難である。事故の真相究明までには多くの未解決の問題が残されたままである。

すでに何度もふれたことであるが、今回の福島第一原発事故による放射能汚染による直接的影響が風向きの関係が首都圏とその周辺に住む三千万人近くの人たちに直接的に及んでいたとすれば、そこに混乱以外の何があったであろうか。三千万人が自分たちの土地を捨てて他地域に短時間に移動することなど不可能である。

避難のために道路や鉄道など交通網が混乱し、人びとは移動の手段を失い、ただ、自分たちの地域やその周辺にとどまらざるをえない。水や食料にしても、汚染されていないものを手に入れることなどもきわめて困難であったろう。原発事故の恐ろしさはまさにこの点にある。

同じことは原発銀座とよばれる福井県とそこから電力を受けているもう一つの二〇〇〇万人という巨大人口圏である関西圏も同様なのである。東海道新幹線や東名高速道路という日本の物流の基幹交通路の二〇キロメートル圏内に浜岡原発が立地する二〇〇〇万人の人口規模をもつ中部圏も同様に、予想されている南海沖地震の際に福島第一原発のような事故が起きれば、想像を絶するような混乱が予想される。

平成二四［二〇一二］年七月五日に発表された『国会福島第一原発事故調査報告書』も、同じような原発事故が起きた場合を想定する。同報告書は社員や技術者などの数で劣る東電以外の地域で原発事故が起きれば、「（事故収束に向けて―引用者注）自力での完遂が頓挫する可能性さえ現実的」と指摘する。

ややもすれば、災害は天災と等値され、だれの責任でもないとされる。他方、公害はそこに過失責任が問われる。だが、災害に対してその被害を十二分想定出来たにも拘わらず、対応が適切におこなわれず、きわめて広範囲の住民に健康被害や生活上の被害を及ぼす場合は、それはやはり公害といってよいのではないだろうか。

むろん、そこには想定を超えるような―それは全く起こらないというのではなく、過去において長期間のインターバルで発生しているような―自然災害へ対応不可能というのであれば、当初からそのような事業展開には慎重でなければならない。

今回の原発事故も原子力公害、あるいは放射能公害という点からとらえ直してみれば、有機水銀公害としての水俣病からわたしたちは一体全体何を学び、それを貴重な教訓として活かしてきたのだろうか。どうすれば、企業と地域、そこに住む人たちが調和を保ち、共存共栄を維持しうるのか。これはわたしたちが水俣病の歴史から真摯に学び続けなければならないことである。

すでに紹介したが、水俣業に取り組んだ医師でのちに「水俣学」を提唱した原田正純は、昭和四七［一九七二］年に出版した自著『水俣病』から十数年後の『水俣病は終わっていない』（昭和六〇［一九八五］年）で「水俣病」はまた終わっていないとつぎのように指摘している。

「それから、十余年、悲しいことだが、私はこの本を再び『水俣病は終わっていない』で終わらなければならない。二〇万人ともいわれる汚染された住民が受けた影響（被害）の全貌は未だに明らかでない。それを明らかにしていくシステムも保障されていない。その結果として汚染民に対する救済は圧倒的に遅れている。

個々の医学的知見は圧倒的に増え、水俣病とその関連テーマの研究で数百人の医学博士が生まれたにもかかわらず、患者の素朴な問いかけには答えきれていない。全身性の影響や微量長期汚染の問題などがその一例である。このような未知の問題を口実に救済を懈怠しているような構造が行政医学の現状である。」

原田の指摘は、今回の福島原発事故の風化を予想させるとともに、風化で決して終わらせてはいけないことを訴えている。原発事故の教訓を風化させない社会システムに、水俣病の教訓を生かさなければならない。

2

原田は被害者の治療が決して医学上だけの問題ではなく、社会的問題そのものであることをつぎのように述べていることは、今回の福島原発事故の現状をみてもじつに的確である。

「治療の問題も残された大きな問題である。『一度破壊された神経細胞は再生しない』という法則に毒されて、長いこと治療への努力を怠ってこなかっただろうか。求められているのは決して奇跡の特効薬の発見ではない。個々の病状をばらばらにする対症療法でもない。『水俣病に病める人間、痛む人間』の治療である。医学専門家だけでできる問題ではないかもしれない。医学以外の専門家の協力が必要で、地域全体（地域もまた病んでいる）の再生こそが患者のリハビリ（権利回復）に必要な場合もある。」

原田は「その後」の動きとして、水俣病の「病名変更運動」が起こり始めたことについて、「これは水俣病がこのように未解決の問題を残す限りつづくと思う。『私たちは、この不幸な事件を、全日本の知恵と協力と膨大な費用を使って、このように見事に解決しました。どうぞ、見に来て下さい。学んで下さい』と胸を張って言えない以上、病名を変えても仕方がない」と振り返っている。

原田の指摘は、『福島原発事故』に苦しむ人びとを救うこと＝今後のあるべき方向性を指し示してもいる。今回の福島原発事故は、水俣病の場合と同様に、『水俣学』の構築と同様に、『広島学』や『長崎学』を十二分に踏まえたうえで、『福島学』の構築なくしては、その解決はきわめて困難である。

原田が強く主張するのは、人間の活動とは、自然への負荷や地域社会――むろん地球規模の環境も含め――の均衡のうえに本来成り立たせなければならないのであり、そこには共存共生の根本的思想がなければならない。

原田は、水俣病への取り組みで、企業の社会的責任を強く主張した。考えてみれば、昨今、

*政府の中小企業対策ということでは、福島等原発事故の被害だけではなく、東日本大震災によって被害を受けた中小企業へのさまざまな支援策が実施されてきた。具体的には「東日本大震災復興特別貸付」は、特定被災区域を中心に中

わたしたちがよく耳にする「社会的企業」や「社会的企（起）業家」という物言いはそもそも正しいのだろうか。一般に、社会的企業とはさまざまな社会問題の解決を、自らの事業を通じて解決をはかるような社会的事業の担い手＝経営主体としてとらえられている。

だが、企業そのものが社会的存在であり、その事業展開は社会的でなければならない。このような物言いが盛んにいわれること自体、民間企業は営利のみを追求して、そこで問題が起これば、その問題を解決することをみずからのビジネス分野とする社会的企業の出番というのであれば、順序が全く逆転している。

福島県の今後の企業活動については、単に一時的な支援策ではなく、風評被害への対応や企業の再立地に関して長期にわたる対応策がますます必要になってくる。とりわけ、地域の中小企業への効率的かつ的確な助成を行うことで地域の再生に寄与するような政策対応が求められている。[*] この点もまた福島後の日本経済論の重要課題の一つである。

小企業や小規模事業者への助成である。平成二三［二〇一一］年五月後半から平成二六［二〇一四］年一月末まで約二六・四万件、五・六兆円の貸付であった。特に小規模事業者へのマル経融資（無担保・無保証・低利子）、中小企業などの資金繰りを支援する「東日本大震災復興緊急保証」や小規模事業者などの設備導入資金貸付の償還期間延長措置などの制度が活用されてきた。

原子力災害への金融支援では、福島県と経済産業省は原発事故で甚大な被害を被った中小企業等の事業継続・再開を支援するために必要な事業資金（運転資金・設備資金）を長期・無利子・無担保の条件の融資制度を導入している。平成二五［二〇一三］年では、「警戒区域等」が見直されたことで、避難指示解除後の警戒区域への機関を促進するため「特定地域中小企業特別資金」制度が拡充された。詳細は中小企業庁『中小企業白書』各年版を参照。

第四章　安全安心の経済社会

安全安心のコスト

1

フランスの数学者イーヴァル・エクランドは、一見、数学や統計学に何の関係もない北欧神話を現代の数学理論からとらえ、数理的に解けることの限界性を取り上げている。エクランドは、『無作為に—偶然、科学と世界—』（邦訳『偶然とは何か—北欧神話で読む現代数学理論全六章—』）で、原子力発電所事故—本書の発行は一九九一年で一九七九年のスリーマイル原発事故や一九八六年のチェルノブイリ原発事故は当然ながら視野に入っていた—を例にとり、リスク問題を論じる。

エクランドは「リスク」—確率論的リスクと無知のリスク—についてふれ、「原子力発電に関するリスクの見積もりにおいて、確率論的モデルをよりどころとする政界および科学技術界と、それよりはるかに用心深い世論との対立が生じる。これはたんに国民の側の情報不足や専門知識の不足が原因なのだろうか、それとも確率論的モデルの有効性を問い直すべきなのだろうか。この問題はきわめて重要」と問題を提起する。

エクランドはスリーマイルやチェルノブイリの事故原因を人為的なものと押しつけるのではなく、「人間の欠陥も、技術的な欠陥と同じように考えて、安全装置や信頼性に組み込む」のは当然としながら、「注意しなければならないのは、たったひとつのリスクが顧みられなかったりしただけで、残りのリスクを考慮しておこなった信頼性についての計算が、すべて無効になる場合もある」ことを指摘する。

つまり、原子力発電の場合、放射性廃棄物のみならず事故によって排出された放射性物質の有害性が一万年以上つづく以上、わたしたちの責任の範囲で、原発事故を処理できるかどうかはきわめて不透明であることが示唆されている。

人類史において、一万年という時間単位はわかりにくい。たとえば、いまから一万年前とは一体全体どのような時代であったのかを思い浮かべればよい。それは地球の氷河期が終わり、わたしたちの祖先は地球がようやく温暖になったことで、牧畜や農耕に取り組むようになったころである。

こうしてみると、これから一万年先の地球環境や技術発展など、原発から出た放射性物質が安全に保管され、あるいは適切に処理される保証などあるだろうか。わたしたちはあまりにも楽観的に技術進歩をとらえていないだろうか。

世代間リスクをもつ原子力発電を野放図に拡大させてきたことについても、エクランドは「わたしたちの工業文明は、みずから冒しているリスクを測ることなく前へ突き進み、大局的な視野を見ていない」と指摘する。それは単なるリスクの確率的計算の結果ということではなく、意識決定リスクそのものに付随する道義性がリスク計算の以前に問われている。

エクランドがアルジェリア生まれのフランス人作家アルベール・カミュ（一九一三〜六〇）

の言葉を引用して「すべての意識決定問題には道義的な意味合いがあり、重大な決定ほどその意味合いは大きい。アルベール・カミュがいったように、『自分の名誉を汚すような出来事は偶然の選択の結果ではありえない』のだ」とも述べる。

なぜなら、世代間にわたる重大事項の意志決定のリスクとは、単に計測的かつ技術的なものではないからだ。それは安全・安心の計算は単なる技術的なリスク計算であるはずもなく、そこには道義的責任の何たるかが厳しく問われるべきである。

2

福島第一原発事故は、地震そのものの破壊エネルギーの強さに加え、津波の被害が甚大であった。賠償問題もあり、東京電力関係者などは「想定外」という表現をよく使った。本当に「想定外」であったかどうかが問われた。地震学者からの警告はなかったのかどうか。

過去に発生した明治二九［一八九六］年六月五日に岩手県三陸地方を襲った大津波―この前にも慶長地震と延宝地震の二回あったことが記録されている―は、二万人以上の犠牲者を出したといわれる。当時の地震計の精度などの限界もあり、地震学者はさまざまな推計数字を示したが、マグニチュード九近くの推計数字もあった。

このような大きなマグニチュードクラスの地震の発生の可能性については、国の中央防災会議でも報告され、そうした情報は電力関係者にも伝わっていたはずである。東京新聞の原発事故取材班は『レベル七―福島原発事故、隠された真実―』で当時の想定震度や津波の大きさについて、専門家の警告をめぐる事情を関係者への取材を通じてつぎのように伝えている。

「（二〇〇四年二月に開催された―引用者注）中央防災会議でも地震調査委員会の報告は受

け入れられない。防災対策を取る上でのそれまでの考え方と、大きく食い違うためであった。七年半後の一一年九月になってようやく公表された議事録に、リスクを訴える島崎（島崎邦彦東大名誉教授、地震予知連絡会会長―引用者注）の報告がつぶされる経緯が記されていた。」「予測」、とりわけ、それが従来と比べて格段に大きな数字が想定された場合、それまでの防災体制を根本的に見直すことが求められる。そのためには膨大な追加費用を必要とすることもあり、予測値の上限ではなく、中ぐらいの数字が希望的観測として採用されやすい。

しかしながら、東京電力は平成二〇［二〇〇八］年に「島崎説」をベースに被害想定の試算を行っていた。その三年後に現実とする全交流電源喪失（ＳＢＯ）をもたらすことになる津波の予想については、原発付近で敷地を完全に浸水させる高さの想定による試算も行われていた。

試算結果の数字をめぐっては東電社内でも、「四年にわたる工事と数百億円の予算が必要になる」ために、試算結果への対応が見送られたという経緯があった。その後、保安院はこの試算結果の存在を知ることになり、東電側に説明を求めた。東電側から保安院に簡単な説明があった。だが、それは福島原発事故のわずか四日前であったという。

東京新聞原発取材班はこの経緯について「試算の存在が顕在化するのは震災後の八月になる。報道陣からその事実が指摘され、保安院が説明した。試算が伏せられた東電内部での経緯は、政府の福島第一原発事故調査・検証委員会が十二月二十六日に発表した中間報告で初めて明らかになる。……〇四年の段階で早くとも警鐘を鳴らしていた島崎。東北南部の広い範囲を大津波が襲う地震が起きる可能性を示し、防災対策を求める先見性があった。だが、地震の規模そのものはマグニチュード八・二前後としている」と指摘している。

では、すべてのことが「想定外」であったのか。今回の事故で致命的であったＳＢＯについても果して想定外のことであったのかどうか。原発取材班は地震想定と同じような構造を問題視した。それだけにSBOという緊急事態への実践対応的なマニュアルの策定や訓練―ベントに必要な弁の開閉は電気で制御されている場合、電源喪失では作動せず、人力に依らなければならない―が必要となるにもかかわらず、そうした対応が不十分であったことが指摘された。こうしてみると、天災とはいえ、そこには人災的な要素もまた大きく介在して、大惨事となった。

原発事故時の問題解決にあたる「オフサイトセンター」の立地場所についても、放射能汚染地域の範囲によって、実際にはオフサイトにはならないなどの問題点も明らかになった。にもかかわらず、原発から近いところに立地させる場合―施設自体の被災と機能不全、防護服の備蓄、独自電源の整備、放射性物資に対するフィルターの整備などの問題も含め―には、それなりの整備条件があったのである。

この種の問題も、オフサイトセンターの建設費と工事発注などをめぐる地元利益の複雑な関係も浮かび上がらせた。この関係は単におカネをめぐるものだけではない。より本質的には、国の原子力行政と地方の権限のあり方との関係そのものが何であったのかという根本的な課題でもあった。

そもそも、今回の福島第一原発の大惨事は想定外のことであったのだろうか。原子力資料情報室で原発問題に取り組んできた上澤千尋は、「原発は不完全な技術」で原子力施設情報ライブラリ―のデータベースから二〇一〇年四月一日から翌年の三月三一日までの一年間に日本国内の原発での事故を拾い出している。

上澤は、その数が三〇七件であるとして、「一日に一件近い割合でどこかの原発で事故が起きたり、異常が報告されたりしているのである」としたうえで、原発事故の特殊性をつぎのように指摘する。

「燃料棒が破損したことによると見られる放射能漏れ、制御棒が誤動作する事故、配管がすり減って薄くなっていたり、ひび割れが起きていた事例、機器の異常が見つかって点検・修理のために原子炉の運転を止める事例など、需要度が高いものもあれば、作業員が線量計を身につけずに放射線管理区域に入ろうとした事例や、点検作業の不備・不正など、さまざまである。

原発の保守点検作業は、主として人の手で行われる。小さなトラブルの多くはそんな人の手による点検で見つけられる。点検作業は放射線管理区域の中での作業であるから、被曝は避けられない。原子炉に近い場所での作業や、放射性物質が漏れた事故後の除染作業では、被曝することが仕事だとでもいうように、非常に強い放射線のもとでの労働を強いられる」（石橋克彦編『原発を終わらせる』所収）。

おそらく、火力発電所、水力発電所や化学工場などでも、多かれ少なかれ事故といえないまでも、さまざまなトラブルがあるであろうが、原発の場合、その意味合いは放射線という点で一般工場とは本質的に大きく異なる。

上澤の数え上げた年間三〇〇件余りの事故は、第一章で紹介したハインリッヒの法則に照らしてみれば、おそらく二〇以上のやや深刻な事故があり、そうした数多くの「ヒヤリ」事故や「ハット」事故への見落としが最終的には福島第一原発事故へとつながっていったのではないだろうか。そうしたさまざまな事故への真剣な反省と抜本的な取り組み姿勢の欠如が、超長期的に多くの人たちにさまざまな負担を強いることになった。

3

こうしてみると、福島原発など日本の原子力発電の歴史は事故隠蔽の歴史でもあったともいえる。参議院議員から福島県知事へ転じて五期一八年間にわたって知事をつとめた佐藤栄佐久は『福島原発の真実』で、自らの県政を福島第一・第二原子力発電所の事故をめぐる東京電力との戦いの歴史であったことを回顧している。

佐藤は、知事となった昭和六三［一九八八］年の暮れに、福島原子力発電所などのトラブルが三回も起こっていたにもかかわらず、事故の原因究明もなければ、事故に関する情報開示もなしに運転再開されていた事実に驚愕したという。そうしたなかで、佐藤は「原発の安全問題から地元が疎外されている」ことを知ったという。

佐藤は三回のトラブルのうち、「三号機の冷却水を再循環させるポンプの部品が脱落、座金やボルトなどが原子炉内に流入していたという前代未聞のトラブル」にふれた上で、「場合によっては避難などの対応をとらなければならない地元自治体には、真っ先に情報伝達されるべきだ。しかし、実際には一番後回しにされている」ことを問題視した。

東京電力など電力会社の企業倫理やＣＳＲ（Corporate Social Responsibility）への意識云々以前に、会社外の人たちへの人権意識の希薄性にただあきれるばかりであったともいう。佐藤自身は「原発についてそれほど注意を向けているわけではなかったが、たとえこのような事態が発生したとしても、県には原発を止めたり、立ち入り検査をしたり、（福島県には―引用者注）なにか勧告をするような監督権限がないのだということに改めて気づかされた」と述べている。

いうまでもなく、知事は地方政府の長として住民の安全について責任を負う公的な立場にある。この座金脱落事故については、翌年の二月に東電から幹部四名が事情説明のために福島県庁を訪れている。幹部はあとの記者会見で座金が炉心に脱落した可能性を否定し、安全性が確認されれば、発見できなくても運転が再開されることを発表している。

これが佐藤にとって東電との長い戦いの第一歩となった。佐藤は原子力工学の専門家を県職員として採用し、県に原子力安全対策課を設け、県独自でも住民の安全確保のために原発対策に当たれる体制をつくった。佐藤は東電だけではなく、電源三法交付金で形成されてきた原子力ムラ―佐藤の表現では「タコツボ化」―との関係のなかでプルサーマル問題、核燃料税引き上げ問題に取り組み、最終的に国との全面対決を余儀なくされていった。

佐藤は、原発の安全に関して電力会社・経済産業省・保安院などが一体になった「三位一体システム」の下では、チェック・アンド・バランスが働かなかったと振り返っている。では、福島県の原子力安全対策課に寄せられる情報と政府などの公式情報とのギャップの存在は、一体何を意味していたのだろうか。

佐藤は、原発事故の隠蔽と不作為の構造の底流には、既得権がしっかりと根を下ろしていたと指摘する。この構造への改革なしに、「自分の自治体の安全」を確保し、住民＝「国民」の命を守る政治を日本社会に定着させることが困難であるとみた。

佐藤が知事在任中に最重視したのは原発の安全問題に加えて、本来の地域振興のあり方がどうあるべきであるかであり、「原発は本当に地域振興のためになっているのか」を問うことであったという。

佐藤は「統計をみると、双葉郡の各町の人口、産業構造、財政状況、社会資本の整備など、ほとんどの項目で上回っている。原発立地の効果が表れている証明である」ものの、将来の財政構造につぎのような問題点があったと指摘する。

「発電所が立地している自治体はともに固定資産税比率が高く、……税収の構造をみると、『原発立地地域とは企業城下町に似ている』……図書館や文化センターなど、大きなハコモノが林立している。これらの建設には、電源三法交付金が充てられている。しかし、『短期間に効果を発生させること』が定められているので、維持管理運営に三法交付金を充てることはできない。だから、管理費が財政を圧迫するという本末転倒が起こるのである。また、商工業施設や観光施設に充当される比率が大変低いのも、再生産のための投資という点では大変効率が悪い。」

固定資産に関する従来の償却制度の下では、発電所の場合、税法上の原価償却期間は一六年間であり、つぎつぎと新たな発電所が建設されなければ、その地域の自治体の固定資産税収入はやがて減っていくことで財政問題が顕在化する。

4

電力会社の電力コスト構造についてみておく。一九七〇年代に建設・運転されてきた原子炉はすでに四〇年以上の稼働のなかで中性子照射脆化が進行しており、安全面から廃炉される必要が生じている。

古い原子力発電所をもつ電力会社については、政府の原発廃炉政策によって、従来のように資産として計上することが困難となった。もっとも、古い原子炉は過去のさまざまなトラブルへの対応によって実質運転コストは、実際のところ高くなっていた。

当然、古い原子炉の再稼働の見込みが立たないなかで、その保全へのコスト負担、さらには廃炉のために必要不可欠なコストも今後、電力コストに算入せざるを得ない。そうしたなかで、原子力発電のコストダウンをいかに図って電力コストを抑えるのかが課題となるのは自明である。

とりわけ、一般企業と比較して、地域市場での独占の中で形成されてきたなれ合いの経営体質の下では、資材購入費の合理化への意識は希薄となり、また、送電線設備控除などの制度によって関連企業への割高な工事発注も行われてきた。こうしたことも電力コストを引き上げてきたのではあるまいか。

他方、原子力発電所が立地する地方自治体がその事故に備えて放射線などのモニタリングのシステムを整備するだけではなく、そのデータの運用システム、さらには避難などにあたっての交通網の確保と規制などにそれなりの財政措置をはかってきたのかどうか。そうしたコストを地方自治体等の負担だけではなく、電力会社にもそれ相応の負担を求めていたら、原子力発電による相対コストはきわめて割高になったはずである。

むろん、これは原子力災害だけの課題ではなく、地震、津波、台風など「災害大国」日本の各地域において「安全・安心」のための必要不可欠コストがはたしてきちんと想定されてきたのだろうか。この点は、わが国の昭和三七［一九六二］年の全国総合計画以来、何度にもわたって国土の均衡ある発展が計画されたが、それは高度経済成長下のさほど大きな災害に見舞われなかった僥倖の下で、産業インフラの整備だけが重視され、災害に対して脆弱な国土整備となってきた。

こうした点をわたしたちは阪神・淡路大震災の教訓として学んできただろうか。神戸市の

「神戸市株式会社方式」の港湾整備、宅地開発、都市再開発への積極的な都市経営のなかで、民間企業並みと喧伝されてきた都市経営とは別に、本来の公共性を中心にすえた都市運営とは一体何であったのだろうか。

人口密集地の都市中心部の地震被害―火災も含め―からの復興は神戸市にとって大きな課題であった。大震災以前の積極的な起債主義がすでに負の遺産となりつつあった神戸市にとって、震災復興が市財政に大きくのしかかってきた。神戸市などから学ぶべき教訓は、それまで等閑に付されてきた災害に強い町づくりを「上」からではなく、住民の経験と意見を十二分に生かしつつ、厳しい財政運営の下でどのように進めていくのかである。これは今まで以上に重要な行政課題となってきている。

1　社会的コストとは

今後、日本社会にきわめて超長期にわたって大きくのしかかるのは、原発事故に関しては、まずは廃炉の処理費用、放射能汚染への対応費用―単に除染だけではなく、医療費、農林水産業などへの補償、さらには汚染による食物連鎖的な二次被曝への対応など広範囲な問題―である。

前者の廃炉だけをとっても、何度も言及した米国スリーマイル島の原子炉から核燃料の取り出し作業は、当初の予想をはるかに超えて一一年間ほど要した。原子炉そのものが潰れなかったスリーマイルの場合と異なり、福島第一原発の原子炉の場合は、大きく損傷した複数の原子炉への対応が一層やっかいな課題となる。

使用中の核燃料やプールに保管中の用済み核燃料を首尾よく取り出したとしても、その処理と保管をどのように進めていくのか。また、解体された原子炉関係の汚染機器、部品や瓦礫など大量の廃棄物や高レベル汚染水をどのように処理・保管するのか。現在の段階で、確実にいえることは廃炉だけの処理だけでも、おそらく一兆億円単位の費用を要するといわれる。

これらの費用は、民間企業である東京電力一社が負担するには、あまりにも巨額にのぼる。必然、政府の財政的支援―したがって、わたしたちやその後継世代の税負担―を要する。現在、試算されている廃炉費用は机上計算にすぎず、さまざまな社会的費用などを実際に考慮に入れれば、かなりの負担額になる。

将来、廃炉や汚染処理で予想もしないような事態が起これば、それらへの対応に要する追加費用がつぎつぎに生じる。廃炉にかかわるロボット技術の確立、原子力に変わる代替エネルギーなどの研究開発費用、被曝治療への放射線医学や放射能除去にかかわる科学研究などの振興費用から放射能汚染に関する教育プログラムの整備まで、そうした社会的費用の範囲は確実に広がる。

社会的費用面では、それは日本という一国にとどまらず、アジア諸国にも原発があり、そうした原子力発電所の事故予防―日本の福島事故もそうであったが、事故によって放出される放射能汚染は単に一国にとどまるわけではない―に対しても日本は貢献する必要がある。そうした取り組みに要する日本のエネルギー外交費用も考慮される必要がある。

今後、原発を引き続き使用するにしても、今回の事故によって、原発の再稼働は原子力発電所の安全面の強化が前提となって初めて論議されることになる。このことは他の電力源とのコスト比較において、原子力がどこまでその安全面―適切な安全保持コストを含め―から国民の納得出来る範囲の価格範囲で電力を供給できるかが問われる。各電力会社とも、当然ながら、保有原発の再稼働に向けての取り組みに向けて一層、安全対策の実施を強調するようになっている。

九州電力は玄海・川内原発について、津波対策としてタービン動力補助給水ポンプや非常用ディーゼル発電機等が設置されている場所の扉の浸水防止シール加工の実施、水密性の高いシャッターの採用、非常時の電源確保対策として中央制御室等への高圧発電機車の配備、移動式大容量発電機の配備、送電線の耐震性確認など、安定的冷却対策として原子炉へ冷却水を送る仮設ポンプ・仮設ホースの配備、水源の確保、海水ポンプ・モータの予備品確保、「シビアアクシデント」対策として格納容器フィルター付きベント装置の設置、使用済格納貯蔵プール周辺モニターの強化、免振重要棟との設置、大型重機等の追加配備、一次冷却ポンプ耐熱シールの採用などを実施した。

志賀原発保有の北陸電力もまた、非常用大容量電源の配備、予備電動機、海水ポンプ代替品、モニタリングカーなどの防災資機材専用倉庫の設置（標高三五メートル）、外部電源の信頼性確保のための送電線の原子炉への接続、高さ四メートルの防波堤（約七〇〇メートル）の構築、取水槽・防水槽廻りへの高さ四メートルの防潮堤（四カ所）の設置、構内主要アクセス道路の補強、海水熱交換器建屋とタービン建屋、原子炉建屋への浸水防止扉の水密性強化、緊急対策塔の設置などを実施した。

島根原発保有の中国電力は、浸水防止のための水密扉への取替・追加設置、防波壁の強化、電源確保のための緊急用ガスタービン発電機の高台設置、経由タンクの増設、高圧発電機車の配備、送電回線の各号機接続、冷却確保のためのディーゼル駆動海水ポンプの設置、消防ポンプの追加配備、格納容器ベント用の窒素ガスボンベの配備、代替注水配管の敷設、シビアアクシデント時の高線量対応防護服の備付、がれき撤去用重機の配備、水素放出設備の設置、フィルター付ベント設備の整備を打ち出した。

浜岡原発保有の中部電力は、津波対策として防波壁を従来の海抜一八メートルから二二メートルへの嵩上げ、東西盛土を海抜八～二〇メートルを二二～二四メートルへの嵩上げ、取水槽などの溢水対策として溢水防止壁の設置、シビアアクシデント時のフィルターベント設備の設置を進めた。

泊原発保有の北海道電力は、電源確保対策として移動発電機車の配備、支持碍子の耐震対策、送水ポンプ車と海水取水ポンプ車の配備、浸水防止対策として重要エリアの水密扉の設置、フィルター付ベントの採用、重要免振棟の設置、発電所後背地高台への新たな防水設備の設置、敷地海岸部への防波堤の設置などを打ち出した。

2

原子炉の再稼働に大きな影響を及ぼす地盤―活断層の有無―も問題視されてきた。志賀原発の敷地内で見つかったシーム（S－1）―岩盤中の割れ目にある薄い粘土などの軟弱物質の薄い層―について、原子力安全・保安院は「敷地内破砕帯の追加調査計画の策定について（指示）」を発表した。この指示に対して、北陸電力は平成二四［二〇一二］年の七月末から八月上旬にかけて追加調査を実施している。

北陸電力は、平成二五［二〇一三］年六月に原子力規制委員会につぎのように報告している。①「活動性が問題となるものではなく、耐震設計上考慮すべき活断層」ではないこと、②「敷地内シームについては、活動性が問題となるものではなく、耐震設計上考慮すべき活断層ではないと評価」されること、③「建設前に行ったトレンチ調査でのシーム（S－1）の岩盤上面の段差は浸食作用によるもの」と考えられること。

原子炉が置かれる地盤については、関西電力の大飯原発の活断層問題も含め、単に事後対応だけですまされる問題ではなく、原発の立地そのものをめぐる検証は、今後とも避けて通ることのできない課題である。

いずれにせよ、福島事故の教訓を踏まえた上で、社会的コストの視点から改めて原発コストを算定するには、現実の状況に近いモデルプラントをきちんとして想定する必要がある。このモデルに沿って、発電コストの計算方法を公開して、コスト計算結果が明らかにされるべきである。また、その計算プロセス自体が正しいとしても、その前提となる耐用年数と老朽化による事故発生の可能性への対処コスト、出力調整が出来ない原発の場合の高い稼働率設定とそのために出力調整を行っている火力発電の稼働率の相違、あるいは使用済み燃料の処理コストを算定すれば、原発コストは確実に高いものとなる。

こうした諸要素を考慮すべきと主張する環境経済学者の大島堅一の試算によれば、それまで喧伝されてきた原子力発電のコスト的優位性は必ずしも保証されない結果となっている。

大島は原発コストが単に経済性の計算問題でない以上、福島第一原発事故の原因究明を行い、安全面のコストを考慮した計算を行なう体制づくりが必要であるとする。その前提として、大島は「原子力複合体」を解体すべきと説き、そのためには原子力政策における責任の所在と原子力政策に関わる審議会の改革などが必要であると指摘する。

「第一に、……原子力政策の決定に関与した者全ての責任を問うべきである。……原子力政策に関与してきた者は、自らが果たしてきた役割と問題点について、積極的に証言する義務がある。関係者の責任を明らかにすること抜きの（福島第一原発事故の─引用者注）原因究明はありえない。第二に、電力会社の特権の源泉となっていた電気事業の地域独占体制を解体すべき……送電は電気事業の中でもとりわけ公益性が高いため、これを電力会社から分離して、全国一体のものとして運用すべき……第三に、原子力開発にかかわる組織（官庁、審議会）の改廃が必要である。……仮に組織を残す場合であっても、体質を一新するためには、委員長を含む委員の総入れ替えをしなければならない。」

大島の指摘は、原発コストの計算が技術面─安全面の考慮も含め─や経済面に加え、政治面の計算の上にも成立してきた以上、そこには原子力複合体＝原子力ムラの関係者だけではなく、国民の声を広く反映させた真の意味での社会的コスト計算が反映されなければならないという主張でもある。

3

世界の地震銀座といわれる日本列島において、津波被害もさることながら、巨大地震に対してあまりにも脆弱であった原子力発電所を持つ意味が問われている。さらには、その安全維持コストを社会的コストとして算入して、原発コストを計算することが求められている。

原子力発電の安全神話とそれに関連した低コスト神話が崩れ去ったいま、より一層の考慮がきちんと払われるべきである。一九九〇年代半ばから「原発災害」—地震による原発の放射能災害—に警鐘を鳴らしてきた地震学者の石橋克彦は、福島原発事故について、従来からの政府と電力会社、さらには原子力工学の研究者たちの地震被害への過小評価体質を問題視したうえで、今回の福島原発事故と地震動との関係について「地震列島の原発」でつぎのように分析する。

「東日本大震災では全般に建物の震動被害が激しくなくて、本震の地震動は、建物を壊しにくい周期（一秒間の振動回数が多い）が強かったと考えられている。しかし、原発の機器・配管類は一般に短周期に弱い。それとともに、地震動の継続時間が想定よりはるかに長かったことが、設備・機器の損傷をもたらしやすかったと思われる。……なお、福島第一原発の周辺では今後何年も、M六〜八級の余震や誘発地震がおきて、激しい揺れや大津波が原発に破局をもたらすおそれがある」（石橋克彦編『原発を終わらせる』所収）。

石橋は、福島原発のほかに、静岡県の浜岡原発や、活断層が多い若狭湾に数多く立地する原発の地震被害の可能性を強く指摘する。わたしたちは、自然の力への制御について思いあがってはいけないのである。

安全安心の組織論

今回の福島原発事故は一時的な終息に至る過程において、原子力発電事業の管理者であった東京電力、それを推進してきた政府組織―むろん、地方自治体を含め―、事故対応に当った政府あるいは民間組織、そして組織間との関係のあり方をわたしたちに突きつけた。

原子力発電の安全神話は一夜にして崩壊した。原発事故の終息において関係組織の混乱と非力さとは一体何であったのか、そして、事故後に、わたしたちは、そうした組織のあり方の見直しにむかって着実に歩を進めているのだろうか。

それは単に、今回の原発事故で明らかになった原子力技術の課題や欠陥を見直すという、技術的な課題への取り組みだけではない。独立国として、原子力発電事業を管理できていなかった日本という国の脆弱なかたちを露わにさせた。日本の政治や政策への根本的な問いかけがなければならない。

ジャーナリストの船橋洋一は、多くの関係者に綿密な取材を行ってまとめた『カウントダウン・メルトダウン（下）』のなかで、今回の事故で日米の「彼我の力の差を思いされた」という日本原子力開発機構（ＪＡＥＡ）の茅野政道の発言を紹介しつつ、「日本の強さ」が発揮できない「日本の弱さ」をつぎのように指摘する。

「『米国はぱっと来て、パッとあれだけの線量マップをつくる。それだけの準備をいつもしているからできる。日本はまさかのときのために維持費をかけないし、人もクルクル変わる。だからいざというとき弱い』……単年度主義が長期的な構想と戦略を阻害する予算システムと年々際々の霞が関人事がプロと専門の育成の阻害する人事システムが、そこに横たわっている。

エアフォートサービスにしても、サーモグラフィーにしても、日本には優れた技術もあれば、技術者もいる。その技術を企業化し、商業化する起業家も存在する。しかし、それを統合し、動員するのが弱い。

たこつぼ、縦割り、ボトムアップ、もたれ合い、戦略的な目標と課題の曖昧さ……それらが日本の強さを殺している。

日本の弱さは、日本の強さを知らないことにある。それを引き出せないことになる。

統合と動員の弱さ故に、そして、自らの力の源泉を知らないが故に、国としてのパワーが結合しない。」

この指摘は、官僚制の本質そのものを突いているだけではなく、日本ではさらにその官僚制がタコツボ化して、タコツボ化することで互いに自己保身的なもたれあい構造を形成し、事故が最悪化する過程においても責任のなすり合いという安全・安心とは程遠い組織がそこにあった。

終　章　もうひとつの選択論

どこで間違えたのか

1

わたしが化学専攻の学生時代、化学の主流は有機化学であり、石油生成物をいかに合成するかが大きな関心テーマであった。原子力については、物理学専攻の人たちの関心とテーマであった。とはいえ、わたしたち化学の学生たちも、核分裂や原子力発電の仕組みは通りいっぺんの知識移転を受けた記憶はある。原子力発電の原理は単純である。原子力発電のそのものは、いわば原子炉というヤカンで湯を沸かし、その蒸気でタービンを回し電力を作るという単純な仕組みである。

化学的思考では、化学反応とは単純化させていえば、触媒などの作用は別として、一般に熱すると冷やすことを繰り返すことで進められる。原子力発電の原理も似たり寄ったりである。ただし、この単純な原理が生み出す放射性物質の処理がまことにやっかいである。この放射能を閉じ込めるための仕組みがきわめて複雑であり、この複雑性のために内外の衝撃にきわめて脆い。

化学工学の学生ならば、原子力発電所のようなきわめて複雑な仕組みの下で単純な原理を作用させることに素朴な疑問を抱く。さらに化学―反応系―の学生にとって、直観的に理解できるのは、放射性元素のやっかいな取り扱いである。放射能廃棄物の問題点は、つまるところ、他の化学物質のように分解処理させて、土壌の微生物の助けなどを借りて自然に還すことがほぼ永久に不可能なことである。これも直観の範囲内である。生物化学を学んだ者にとって常識のまた常識と言ってよい。

この点、核兵器の副産物である原子力利用について、わたしたち人類は取り返しのつかない大きな勘違いを犯してしまった。『スモールイズビューティフル―そこに人が関わる場合の経済学研究―』（邦訳『スモールイズビューティフル―人間中心の経済学―』）で、資源の有限性、環境と人のバランスを中心とした経済発展を訴えたエルンスト・シューマッハー（一九一一～七八）は、四〇年以上も前に原子力の危険性に警鐘を鳴らしていた。土壌学に深い関心と知識を有したシューマッハーは言う。

「一九三〇年の初期以降、遺伝学者以外の学者も、その被曝による遺伝上の危険を認めるようになった。直接放射能を浴びた人だけでなく、その子孫をも危険に陥るような、今までの経験にない『次元』の危険があることは明らかである。……今日人類には放射性物質を造る力があるのだが―いったん造ったが最後、その放射線を減らす手だてがまったくないということである。放射能に対しては、化学反応も物理的操作も無効で、ただ時の経過しかその力を弱めることが出来ない。……それにしても、原子炉から出る大量の放射性廃棄物の安全な捨て場所とは、いったいどこであろうか。……発電所から廃棄物処理工場へ、さらに再処理工場から廃棄場に次々と運ばれることになるだろう。この輸送の途中に大きな事故が起きると、大惨事になる。そして、世界中の放射能の水準が、世代を追ってぐんぐんと上がっていくだろう。」

シューマッハーの半世紀ほど前の指摘は、きわめて現実的であった。シューマッハーは続ける。「空気が放射性粒子を帯びてくると、きれいな空気を求めても無意味ではあるまいか。空気の汚染が避けられたとしても、土壌と水が毒されてしまえば、それも無意味ではないだろうか。経済学者も次のような疑問を抱くのではあるまいか。人類にとってかけがえのない地球が子孫を不具にするかもしれないような物質で汚染されているのに、経済的進歩、高い生活水準についていてかたることにいったい意味があるのだろうか」と問う。必然、シューマッハーが重要視したのは再生可能な自然エネルギーであった。

こうしたまっとうな指摘は、科学技術万能論と経済性重視の声のなかでかき消されてきた。内橋克人も、一九八〇年代に発行された原発の危険性を警鐘した単行本などを復刻した『日本の原発、どこで間違えたのか』（二〇一一年四月刊）の冒頭で、日本における原発問題の所在をつぎのように指摘した。

「この国においては、人びとの未来を決める致命的な国家命題に関してさえ、『国民的合意』の形成に努めようとする試みも、政治意思さえも、ほとんど見受けられることはなかった。国の存亡にかかわるエネルギー政策が、原発一辺倒に激しく傾斜していった過程をどれだけの国民が認知し同意していたのであろうか。」

さらに、内橋は原発立地の後には「安全神話づくり」に学者―東大・京大教授など―や文化人と称される人たち―テレビキャスター、脳科学者、スポーツジャーナリスト、将棋名人、俳優、漫画家まで―が動員され、原発へのパブリック・アクセプタンスへの戦略が巨額の費用の下で行われてきたこと、原発をめぐる「たかり」構造について実例をあげて追っている。

それでは、「わたしたちは、どこで間違えたのか？」

日本の「つくられた原発安全神話」について、内橋は原子力発電所を「過去、私たちの国と社会が特定の意図をもつ、『政治意思』によって常に〝焼結〟されてきた歴史を示す象徴」であったと表現する。今回の原発事故は単に自然災害によって引き起こされたのではなく、「『人災』が追い打ちをかけている」とみる。

つまり、福島原発事故は、「巨大複合災害」だったのである。にもかかわらず、「私たちの社会は『原発一二二基構想』（二〇三〇年時点の達成計画）へ向けて疾駆する途次にあったのである」という内橋の指摘は、わたしに丸山眞男の『日本の思想』で分析されたこの国の政治構造、さらには太平洋戦争をめぐる「東京裁判」を思い起こさせる。

2

丸山眞男（一九一四～九六）は、敗戦後の混乱のなかで、軍部の暴走を止めることのできなかった日本の政治、その背後にある日本社会の構成原理や社会的規範のあり方などを鋭く問いかけた政治学者である。ほぼ同世代の中国文学者の竹内好（一九一〇～七七）も、日本社会の構造が戦後において変わり得るのだろうかという疑問を投げかけていた。

こうした問いかけは、軍部を原発に置き換えれば、原発建設の独走と軍部の暴走を許した戦前日本社会と戦後日本社会の構造が何であったのかという問題でもある。これは、日本社会そのものが何であるのかという根本的な問題を問うことにもなる。

原発事故を振り返ってみれば、内橋のいうように、その後次々と明らかになった事故の経緯において人災の面も強かった。にもかかわらず、誰も刑事責任を問われることない状況は日本の敗戦処理を思い起こさせる。今回の深刻な事故で誰一人として実質的に過失責任を問われなかったことは、その後も電力会社、製造企業、さらには関係政府機関の人たちもまた、きちんとした反省のないままに原発再稼働と原発輸出に駆り立てていくことになる。

罪を問われなければ、無責任に何をしても許されるということになり、モラルハザード感覚をまき散らす。原発マネーの政官財をめぐる旧来の構図が再構築されてきている。廃炉までの遠い道のりは当然として、放射能の土壌汚染、汚染水の問題など課題は山積みである。

原発事故から四年間の間に繰り返されたのは、メディアにデータ隠しを報道され、それをまずは否定して、一定期間の後に関係者がそれを認めるまでキツネとタヌキのだまし合いのような展開であった。

そうしたデータ隠しの行為が虚偽の刑事責任対象の行為とならない以上、やり得といわれても仕方がなかろう。電力会社の体質が変わっていない傍証でもある。平成二五［二〇一三］年七月に、福島第一原発の元技術者が原発事故直後の原発運転データを一部しか故意に開示していないことを告発した。このデータは福島第一原子力発電所の原子炉が津波によって被害を受けたのか、あるいは地震(*)によって先に被害を受けているかの原因究明に決着をつけることのできる性格のものである。

東電のデータ隠しは、東電が主張してきた想定外の津波によって原子炉が被害を受けた結果という当初の主張を覆させる可能性があったため、それを隠蔽したという疑いが持たれても当然であった。

飛行機のボイスレコーダのように、各原子炉に取り付けられ、水位、圧力、温度、冷却水の

＊フリージャーナリストの大沼安史は『世界が見た福島原発災害（二）―死の灰の下で―』で、世界のメディアなどが今回の原発事故をどのように伝えたのかを追っている。当時の現場作業員へのインタビューなどを通じて「想定外」といわれる津波以前に、地震によって原発内の配管が破裂したことにより大事故につながったと報道されたことなどが紹介されている。

循環を一〇〇分の一秒という時間単位で計測した「過渡現象記録装置」のハードディスクの記録は事故究明にとって決定的な重要性をもつ。にもかかわらず、メディアからの指摘によって、そうしたデータがたまたま見つかったとされた。東電側は、国会事故調査委員会が指摘していた地震による原子炉への被害を否定して、津波主因説に固執した。

福島第一原発の元技術者の木村俊雄は、過渡現象記録措置データの存在とその詳細な解析の必要性を指摘する。木村は「都合が悪いデータがあるとコンピュータの記録を書き換えて規制当局に提出するなど、『嘘ばかりつく』東電の体質を肌身に感じ、精神的に追い詰められた。……二〇〇〇年に退職して、以後、あっという間に一〇年が過ぎた」という。木村俊雄個人によるデータ解析の結果を紹介した『検証・福島原発事故記者会見―欺瞞の連鎖―』で、ジャーナリストの木野龍逸はデータ隠しについてつぎのように指摘する。

「事故から二年以上も経ってから、事故当時のデータがたまたま見つかるということがあるのだろうか。それがもし本当なら、東電が一二年六月に公表した事故調査報告書の作成時には、過渡現象記録装置のデータの大部分を分析の対象にすらしていなかったことを、自ら認めたことになる。」

「東電が必要と考えたものを、公開する。この考え方は、約一年前にテレビ会議映像の公開を拒否したときの理屈と同じだった」と、東電の記者発表の場にも多く出席してきた木野は振り返る。木野は木村氏によるデータ分析の結果をつぎのように紹介している。

「地震の揺れによって再循環系の配管に小さな破断ができ、わずかな冷却水の漏洩が起きていた可能性を指摘した。……再循環系の冷却水の変化は、これまで政府、国会、東電のいずれの事故調も報告書で触れていなかった。木村さんのこの流量に着目し分析した結果、地震発生から一分半前後で、本来は自然に流れているはずの冷却水の流量がほとんどなくなっていることを示すデータを見つけたのだ。……この考察は可能性にすぎない。けれども東電や規制委が自己分析に使用しているシミュレーションとは異なり、実データから得られる見解である意義は大きい。」

このデータ解析の結果が正しいとすれば、地震国日本における原子力発電そのものの安全基準の抜本的な見直しを促さざるを得ない。とりわけ、活断層の上にある原子力発電所の安全については、原子力発電所の再稼働に及ぼす影響は大きい。

福島原発事故の原因を科学的に掘り起こす必要がありながら、こうした一連のデータ隠しは、あらためて日本社会、日本政治における日本人自らが真剣に取り組めない何かをまずは明らかにする必要がある。

原発の政治・経済学

1

日本人の手で自ら停戦し敗戦処理を行えず、米国を中心とする駐留軍によってしか敗戦処理—東京裁判も含め—ができなかった日本社会とは、いまにいたるまでその構造は一体全体何であったのか。わたしたちはどこで間違い、そして間違い続けているのか。

このことは、原発問題の背後にある広義には「日本の近代化とは一体何であったのか」、狭義には「日本の戦後社会とは一体何であったのか」という問いをわたしたちに突きつけている。丸山真男が『日本の思想』で問題としたのは、まさにそうした「現象」の根元にあるリーダーシップが、一元化しない決断主体の不明朗性と利害対立の露わな対立を回避する「情緒的直截的結合態」であった。この構造の下では、原発をめぐる説明会やシンポジウムなどにおいて、反原発住民などの発言による「混乱」を恐れ、賛成のためのいわゆる「やらせメール」なども経済産業省や電力会社なども阿吽の呼吸で送られたりする。

その背景の底流には、日本の官治政治の強さ、裏返せば、この国の明治以来の大衆運動への強い不信がある。政府の〝福島〟以後の反原発運動へのある種の戸惑いもまたそのような文脈の上で理解しておいてよい。

丸山も教育社会学者の永井道雄（一九二三～二〇〇〇―後に文部大臣）や社会学者の日高六郎（一九一七～）たちとの対談「大衆運動について―ゼミナール・私たちの政治―」でつぎのように語っている（昭和三四［一九五九］年一月『婦人公論』一月号、『丸山眞男座談』第三巻所収）。

「日本では民主主義の根が浅く、殊に大衆運動を公然とやる自由がなかったので、大衆運動の政治的な訓練がまだ十分といえません。他方、権力者の側も、国民の政治行動に対する誇大な恐怖心があります。（中略）税金がどういう風に集められ、どう使われていくかという過程は政治の感じがしないのである。デモなんかやっていると、きわめて政治的な感じがするのである。そこに一つ問題がある。制度を通じて行われるものは、政治運動とまったくちがうような感じがするのである。しかし実際は、それも政治の流れであり、一種の運動なんです。……ドロドロしたほうばかりに目を奪われていると、制度の方か下ってくる政治に目が届かなくなる。」

今回の原発事故であらためて明らかになったのは、原発の再稼働や建設中の原発の行方などをめぐる原発賛否の利権イデオロギーの「ドロドロ」したものだけではない。それは原発の安全面ではなく、むしろ安全神話という物語を作り上げるために、巨額な税金が投入されていたことである。このことがまさに原発政治―原発政策―であり、原発をめぐる税金問題でもあった。それゆえに原発問題をめぐる運動は、納税者である国民全員の自然な大衆運動としてのかたちと制度―税制―への基本的な問いかけを持った。

しかしながら、制度は一方的に「上」からだけ押し付けられて成立するものではなく、「上」と「下」のからみの中で定着するのであって、原発立地をめぐる交付金制度もその例外たりえなかった。丸山もこの点について、劇作家の木下順二（一九一四〜二〇〇六）との対談「日本の歴史的課題とドラマの構造」で、日本の明治以降の近代化の構造という視点からつぎのように分析する（昭和四六［一九七一］年六月『図書新聞』、前掲『座談』第四巻所収）。

「明治以来、制度やルールをつくる智恵みたいなものはだんだん支配層に吸い上げられちゃって、だから抵抗する方は、上から下降する制度のワクにたいする人民の違和感をとりでとする。こうして被害者意識と無定型なエネルギー礼賛という日本のラヂカリズムの型が出来ちゃった。……つまり制度対状況という図式じゃなくて、制度のなかに不断に状況を見、逆に状況のなかに制度化の要因を観る眼を練って行くということになる。」

ここでいう制度とは単に法的規制だけではなく、いわゆる「世間的」常識といわれる社会的規範―社会的秩序観―のことでもある。わたしたちはそうした制度への緊張感がなければズルズルと歯止めもなくそこに引き込まれていく。

丸山は、この五年後の対談「丸山眞男―著者と語る―」で、この前年の『展望』に発表された丸山論文「幕末における視座の変革―佐久間象山の場合―」のなかで、一般読者たちと「戦後派の決断基準」というテーマで対談している。丸山は、「戦後派」である参加者の一人の「太平洋戦争の経緯をたどると、どうして歯止めもなしにズルズルばからしい戦争にひきこまれていったかどうしてもわからない」という質問に応じている。

丸山は、「永久に忘れまい、というところから私たちの世代は戦後出発したんですね。それがいつのまにかケロリとしちゃったところに問題」があるとした上で、『日本の思想』以来の持論である「タコツボ型」社会とタブーとの関係につぎのようにふれている（昭和四一［一九六六］年七月『展望』七月号、前掲『座談』第五巻所収）。

「私の戦前戦中の実感でいいますと、その社会に何とはなしにタブーがふえていくことでしょうね。集団がタコツボ型であるほど、その集団に言ってはいけないとか、やってはいけないとかいう、特有のタブーが必ずあるものです。これはその集団全体にひろがっているものもあるし、それぞれの職場、部局、あるいは特定の人間関係の中でのもっと小さいタブーもある。職場に埋没していくにしたがって、こういうタブーをだんだん自覚しなくなる。自覚しなくなると本人にとっては主観的な結構自由感がある。これが危険なんですね。……それを自分の職場で具体的にどういうふうに行使していくかを考えるのが大事ですね。ですから、職場ではタブーをふやさないようにしていくこと、さらには積極的には、一つ一つなくしていくことが自由をなにより具体的に実現していく途です。簡単なことのようですが、そういう努力が案外見過されて、抽象的に自由を叫ぶことになりがちです。」

この指摘はいわゆる原子力ムラについてもあてはまる。原子力ムラの内部において、原子力発電での安全面への疑問をもつことが自覚されないことになると、それは意識されないタブーとなる。やがてそのタブーということ自体が意識されなくなっていったことが、今回の事故で明らかになった。

2

丸山は、「決議や多数決で廃止されるようなタブーは、すでにそのまえに形骸化している……個人が職場をこえた集団をつくることもその方法の一つ」と指摘する。だが、タコツボ化された原子力ムラでは、個人が原子力ムラをこえた集団をつくることがいかに困難であったか。今回の原発事故はこの構造を明らかにしている。

つまり、原子力技術者が個別企業内、そうした個別企業がさらに電力業界というタコツボ化され、原子力研究者もまたこれにかかわる学会、政府の委員会にタコツボ化され、原子力をめぐる産官学がさらにタコツボ化された社会構造で、丸山のいう開かれた社会構造である「ササラ型」の形成は容易に進まなかった。それゆえに、丸山自身はつぎのように精神の自立を訴える。

「精神の秩序の内部で、自分と環境の関係を断ち切れないと自立性が出てこない。人間は社会的存在なんだから実質的な社会関係の中で他人と切れるわけにはいかない。……自分の属している集団なり環境なりと断ち切るというのはどこまでも精神の内部秩序の問題です。……つまり、異質的な他者を内在的に理解するということは、他者を自分の精神の内部に位置づけることですから、それだけ精神の内部での対話が可能になるわけです。……だから、そこはちょっと逆説的なんですね。自分の中に他者を住まわせることが精神的自立へ通ずるので、そうでないとズルズルの環境ぐるみの自我主義になる。」

集団とは単一目的ではなく、多様な目的と意識をもつという意味で、あらゆる方向に開かれている。そうした集団が同一目的をもつことで組織となる。これは組織論が示唆するところである。そうして組織化された集団において、「ズルズルの環境ぐるみの自我主義」に陥ることは、組織の中の組織となる。この傾向は、原発事故後に繰り返されてきた原子力ムラ論の指摘を待つまでもない。

問題は、丸山のいうように、そうしたなかで関係者が組織の一員ではなく一人の技術者として、あるいは一人の生活者としての「他者」を自分の中に住まわせ「精神の内部秩序」を保つことの重要性である。だが、閉じられた社会組織ではそれが困難であったことが今回の原発問題でもわかる。

「精神の内部秩序」を保つには、ある種の普遍原理を必要とする。原子力の場合、それは安全という原理でありその基準であったはずである。しかしながら、原子力への安全性をめぐる原理が暗黙裡に安全神話であったことが、安全への問いかけをタブー化させた。

ただし、原子力発電をめぐるイデオロギーが、戦前の「国家的」教育のように政治的イデオロギー化され、それがシステム的に一方的に刷り込まれたわけではない。多額の広告費などによって、原子力発電がコスト的に優れているという経済的イデオロギーとしても宣伝され、安全面への問いかけが見事までにタブー化されていったのである。

エネルギー観と社会

原子力も含め、火力であれ、ダムを必要とする水力であれ、その根っこにはわたしたちのエネルギー観への根本的な反省と今後の自制的な見直しという不可欠な取り組みがあることを忘れてはならない。わたしたちの生活の豊かさが、被曝せざるを得ない人たちによって支えられているとすれば、わたしたちは自分たちの生活とエネルギーとの関係に無関心ではありえない。

この点に関して、映像作家の鎌中ひとみは『原発の、その先へミツバチ革命が始まる』でスウェーデンの自治体や個人の取り組みを重視している。鎌中はつぎのように指摘する。

「それぞれの自治体の取り組みが、非常にささやかなことの積み重ねだということでした。大それたこと、目を見張るようなことはしていないのである。ほんとうにささやかな改善、これまでエネルギーを一〇〇使っていたところを、そのうち一〇%とか二〇%を自分たちの力で作るところから始まって、……自然的な形で加速させていく。短期間に状況を大きな予算で変革するというよりも、市民が等身大で継続して改善し続けていくというものでした。誰にでも参加できて、しかも持続できる活動が大切にされていたのです。そこでなされているのはささやかな節電対策であり、『初めの一歩』的発電であり、地域を住みやすくする工夫の実践でした。」

こうした一連の取り組みの背景には、「ナチュラル・ステップ」という考え方を掲げたスウェーデンの医師カール・ヘンリク・ロペールのつぎに掲げる四つのシステム条件があった。

①「地殻から掘り出した物質を環境にこれ以上増やさない（石油を燃やして二酸化炭素を増

やしたり、ウランを使って放射能汚染を増やしたりしない)」こと。
②「人間が作り出した物質をこれ以上環境に増やさない(農薬や化学物質で環境を汚染してはいけない)」こと。
③「自然を物理的に破壊してはいけない(スウェーデンではすでにダムの建設が禁止されている。)」こと。
④「人間の基本ニーズを満たす(人権を尊重するということ。その人権の中身は多様である。)」こと。

鎌中は、こうした条件について「単にエネルギーだけではなく、社会全体を俯瞰した認識である」ととらえ、自分たちの地域の生活をよりエネルギーの少ない生活にするため、個人―住民―、政策や制度の運用にあたる自治体職員が、エネルギー問題(＝わたしたちの消費生活)として取り組む必要性を強調する。わたしもまたそのように強く思う。そこにわたしたちが「どこで間違えたのか」という問いに対するヒントがある。

鎌中は単にスウェーデンという隣の青い芝ではなく、山口県の祝島の取材を通して、何でもグローバルという時代的イデオロギーの下にあって「地域自治」というものが独りよがりなものではなく、「地域のことは地域で決めるのが本来の姿」であったと再認識している。さらに、鎌中は「日本人はそれを役所や政治家に任せてきました。合意形成どころか、対立と分断が横行しています」と指摘する。

東北の津波の後の復興状況や、福島原発事故の後の復興計画の進捗状況をみても、鎌中の指摘の重要性は増すことはあっても、減ずることはないのではあるまいか。きちんとしたエネルギー観の先にわたしたちの社会のあるべき未来がみえてくる。

社会価値と個人価値

これからのわたしたちの生き方、したがって、生活の仕方において、改めて社会的価値観と個人価値観との対立ではなく、その調和と均衡が真剣に問われる。ただし、社会的価値観―社会的規範―が個人の我慢と一方的な犠牲の上に成立するはずもないし、また、個人の欲望の総和が社会的価値観となることも困難である。

そうしたなかで、わたしたちは日々の生活をどのように成立させていくのか。とりわけ、〝福島〟後の日本社会の課題は、わたしたちのエネルギー消費に対する社会と個人の共通価値観の確立を必要としている。その際に考慮するべきはつぎの条件である。

（一）集中型ではなく分散型のエネルギーの獲得。

（二）自然界への負荷の少ない再生可能エネルギーへの移行。

（三）エネルギー過消費の抑制とエネルギーロスの少ない技術の開発。

最初と二つめの点は、自分たちのエネルギー消費の場とその生産の場が近いこと。たとえば、個人の住宅の屋根などに設置できる太陽光パネル発電はその典型である。ただし、地域によっては、日照時間の長短が大幅に異なることもあり、太陽光以外の自然エネルギーの開発が必要となる。地域によっては個人ではなく地域として取り組むことのできるバイオマス(*)発電、地熱発電、島嶼部での潮流発電などによって、生（産）消（費）近接による送電ロスが少ない地域エネルギーシステムの構築も重要である。エネルギーも「地産地消」の時代となりつつある。

こうしたエネルギー源の分散化と地域によるエネルギーの生産・消費の過不足は、何らかの

＊バイオマス―生物現存量などと訳される。一定空間範囲にある動植物を有機物として換算した量である。従来は生態学用語であったが、現在は動植物を新たなエネルギー資源として活用する目的から使われるようになった。その目的は再生可能な植物資源をエネルギー源として活用することになる。具体的には、稲わら、製造所から出る廃材や木くず、薪炭、解体工事で出る廃材、都市ごみ、し尿、畜産廃棄物などの利用である。農林資源の場合、直接燃焼させ、あるいは発酵させてアルコールやメタンガスを作り出す。こうしたバイオマスは再活用のコストもあるが、地球上のどこにでも存在している活用資源であり、また、再生可能な資源でもある。それだけに自然との調和をはかりながら活用することが重要である。

かたちで調整される必要がある。そうした地域間の違いを調整できるネットワークシステム―分散・協働・協力型組織―の構築は、インターネット社会の成立で以前よりは容易になりつつある。

電力会社が民間企業としては破格といってよいほどに、さまざまな法律によって「特典」を与えられてきたのは、電力という公共性の高いサービス事業を遂行しているという考え方に基づいていたからである。裏返せば、電力会社の事業が市場での自由競争のシステムだけに委ねられれば、電力の安定供給という社会的使命が果せない事態が生じた場合に、社会を大混乱に陥れると考えられたためでもある。

たとえば、資金調達についても「電気事業法」は電力会社の設備投資額が巨額になることから、社債―電力債―の発行でも有利な条件を保証している。それも電力事業の持つ公共性のゆえである。しかしながら、皮肉なことに電力会社はそのような恩恵の上にあぐらをかくことで、コストを容易に電力価格に転嫁させることができた。電力会社は、民間企業としてのコストダウン努力や原子力発電事業における最も根本的な取り組み課題である安全性という公共性の確立に、あまりにも無感覚になった。

こういった体質は電力会社内部の問題ではなく、政府の公共投資などを通じたもたれ合い関係のなかで、その改善を行おうという意識そのものを希薄なものにしていった側面を無視できない。

地域社会のこれから

地域社会にはさまざまな課題がある。たとえば、人には自らが生活する地域に役立つなど多くの仕事がある。そのための職がない。こうした「仕事」―work―と「職」―job―の不均衡をどのように均衡させるのか。「職」とは仕事から金銭的な報酬が得られることが前提である。「仕事」とは必ずしも金銭的な報酬を前提とはしない。

家庭で両親や兄弟姉妹から受ける種々のサービスに、家族の者はその対価を金銭で払うことなど、よほど特殊な関係がそこにないかぎり見られない。そこには弱い者や未だ一本立ちしてない者への無償の行為がある。

同様に、自分たちにとって地域社会もまたそのようなものであるとすれば、そこに金銭を介在しない活動があってはじめてその社会が円滑に動くのである。毎朝、公園などの掃除はその近くに住む人の無償のサービスで行われている。このすべてが市役所などの職員の有料サービスで行われているとすれば、その費用負担はきわめて大きいものとなる。ただし、素人の手に負えないような公園遊具などの修理は専門家に有料で依頼するしかない。

同じことは、財政難のなかで取り組むべき災害などの被災地の復興事業や産業の空洞化に、不況や高齢化の進展による財政収支の悪化に苦しむ地域にとって、やるべき「仕事」の多さと「職」の少なさをどのように均衡させていくのか。その解決方向は仕事と職の均衡方法にあるに違いない。その可能性の一つは地域通貨あるいは補完通貨の応用にある。

地域通貨などは、通貨が有する「価値尺度」「交換手段」「貯蓄手段」のうち、価値尺度と交換手段の機能を認めつつも、貯蓄手段の役割に一定の制限を加え、それに「賛同」する人たちを中心に流通させることによって成立する。貯蓄手段としての制限はそうした通貨に利子がつかず、むしろ貯蓄＝退蔵することによってその価値が減価させることで投資ではなく消費を促すことにつながる。「仕事」があるのに、「職」がないのはその地域に必要な生産やサービスの供給におカネが向かわず、他地域や他の活動—投機のための投機など—におカネが偏在しているためである。

ただし、経済活動はその地域だけで自己完結しているわけではなく、他地域との経済的活動のためには従来からの全国通貨が必要であり、地域の経済活動が活発になれば他の地域や諸外国にもその効果が波及する。全国通貨を補完する意味でそのような地域通貨が補完通貨とも呼ばれるのも、そのためである。

1　日本と世界のシフト

福島後の日本経済あるいは世界経済にとって明らかになったことは、従来のエネルギー源に基づく産業構造や持続的経済のための再生産構造転換への考え方のシフトの必要性である。真の意味でのパラダイム(*)・シフトである。

チェルノブイリ原発事故は単に自国だけではなく、世界の広範囲の地域に汚染を拡大させた。

*パラダイム—米国の科学史家トーマス・クーン（一九二二～一九六）が、一九六二年の

当時の世界の原発の四〇%以上を狭い地域に集中させた欧州社会へも大きな衝撃をもたらした。この翌年には、元々、原発依存度のきわめて低かったイタリアで原子力発電の是非を問う国民投票が行われた。投票数の六五%のイタリア人が原発に「否」を突き付けた。

イタリアでの原発政策見直しの波は北欧諸国だけではなく、南欧諸国、さらには東欧諸国にも波及し、原発大国をめざしていた（当時の）西ドイツにも広がった。欧州諸国に広がった反原発の動きは、旧ソ連にも跳ね返り、地震発生率の高い地域に予定されていた原発建設の中止、クリミア半島で稼働計画中であった原発、チェルノブイリに建設が進んでいた二つの原発の中止という動きにつながった。

欧州での原発依存率の低いイタリアはともかくとして、それまでにかなり高い依存率となっていた北欧フィンランドやスウェーデンの場合、とりわけ、米国のスリーマイル島原発事故後の国民投票で、二〇一〇年までに国内原発の全廃を決定していたスウェーデンは、チェルノブイリからの放射能の土壌汚染の影響をきわめて深刻に受け止めていた。

だが、原発全廃に向けては、電力コストの急激な上昇によって国際競争力の低下に危機感を持った産業界や、国際競争力を失った国内工場の閉鎖を恐れる労働界は、脱原発を支えるに足る新たなエネルギー源の確保なしには安易に脱原発政策を政府が採用することへ反発した。

こうしたなかで、スウェーデンでの選挙の争点は脱原発時期の是非をめぐり展開した。同様の動きは、欧州でのフランスと並んで原発大国となったドイツ—統合した東ドイツには旧ソ連の技術による原発が稼働している—でも見られていく。

同様の動きは、今回の福島原発事故以後の脱原発をめぐる世論と政府の今後のエネルギー政策—風力、太陽光や地熱など自然再生エネルギー策へのシフト—に対する日本経団連など産業

『科学革命の構造』（The Structure of Scientific Revolutions）でそれまでの解釈や方法論の転換を示唆するのにこの言葉を使った。科学史とはそれまでの大多数の科学者の解釈や方法が新たな考え方＝パラダイムによって取って代わられるときに科学革命が起こるとされる。その後、経済学、社会学、心理学や人類学などでも使われ普及した。

界の反発という構図に類似している。

　しかしながら、福島事故以前の日本では、スリーマイル島の原発事故も欧州諸国を震撼させたチェルノブイリ原発事故も、エネルギー政策関係者や産業界には、原発建設予定地となっていた地域の人たちを除いては、原発への危機感と新たな原発建設や原発計画の見直しという意識をもたらしてはいなかった。

　むしろ、日本の原発技術が、米国や旧ソ連と比較してきわめて高度で先進的であるとされたことに加え、エネルギー資源の少ない日本にとって原子力が不可欠であることがますますスローガン化されていった。日本の原発数五四基のうち、その三分の一以上はチェルノブイリ事故のあとに建設・運転されたものである。

　平成七［一九九五］年には、プルトニウムとウランの混合酸化物（ＭＯＸ）を使用する高速増殖炉の実用化を目的としたもんじゅでのナトリウム漏洩による火災事故—当初は隠蔽された—、その後の炉内の中継装置落下など一つ間違えばとんでもない大惨事となる事故があった。にもかかわらず、日本は原子力発電所を作り続けた。このことは原子力政策や原子力事業においてすでに組織のモラルハザードが起こっていたことを意味する。

2

　どんな深刻な事故が起こったとしても、それがあたかも自然災害であるかのように、誰も実質的に責任を取らない、また、その責任を問う声があっても、政府は関係者の責任を問わないし、追及しないし、自らも責任を取らない。原発の安全性にお墨付きを与えてきた研究者も技術者も、原発の安全性を保証してきたはずの電力会社も製造者も、そして政策担当者も責任を取らない。責任を取らなくても良ければ、無責任な発言と行動が跋扈する。原子力事業とはまさにそのような無責任世界の産物であった。

福島原発事故について、多くの関係者への取材を積み重ねてきた新聞記者の大鹿靖明は、『メルトダウン　ドキュメント福島第一原発事故』で福島原発後の原子力ムラの堅固さをつぎのように描いている。

「チェルノブイリと並ぶ人類史上最悪の災厄をもたらした福島第一原発事故で、責任をとらされた人間は、所管官庁の経産省に誰一人としていなかった。原子力安全・保安院を分離して環境省に移管する方針が決まっただけで、あとは、ただ一人も責任を問われた人間はいなかった。みな順当に出世し、世間相場から見てそうとう高い退職金を手にして、順調に天下ってゆく。これだけの事故を起こしても、霞が関のA級省庁、経産省はびくともしなかった。菅政権はあまりにも力不足であった。……思い切った改革が必要と誰もが感じている、誰も改革できない。経産省と電力会社の作り上げた秩序は頑健だった。」

大鹿は、『メルトダウン』執筆の理由について、福島原発事故の関係者を取材していて、彼らのあまりにも無責任な態度にあきれはてた結果であったと、つぎのように「あとがき」で述べている。

「メルトダウンしていたのは、原発の炉心だけではないのだ。原因企業である東電の経営陣たち、責任官庁である経産省の官僚たち、原子力安全委員会や保安院の原発専門家たち。原発爆発企業の東電に自己責任で二兆円も貸しながら、東電の経営が危うくなると自分たちの債権保全にだけは必死な愚かな銀行家たち、未曾有の国難にもかかわらず、正気の沙汰とは思えない政争に明け暮れた政治家たち、いずれもメルトダウンしていた。エリートやエグゼクティブや選良と呼ばれる人たち、能力の欠如と保身、責任転嫁、そして精神の荒廃を、可能な限り記録しよう。それが出発点だった。」
大鹿は取材の過程で最後まで解明できなかったのは、「経産省内の政策形成プロセス」、「東電経営者たちの意思決定プロセスや政界工作」であったという。だが、大鹿自身がさらに付け加える義務があったとすれば、マスコミ関係者もまた、その多くがジャーナリズム精神とは無関係な存在であった。

わたしには大鹿のそうした指摘に、戦前期の日本社会が満州事変以降に泥沼のような太平洋戦争に突き進む過程そのものに重なり、そしてその後の敗戦処理などを自分たちできちんとできなかったツケが、半世紀上経過してわたしたちの時代に回って来たように思える。

そこにあるのは顔の見えない世界であった。福島県知事を長年務めた佐藤栄佐久の知事時代の東電の点検記録改ざん体質―内部告発で表面化―への原子力安全確保対策の回顧録ともいうべき『知事抹殺―つくられた福島県汚職事件―』で、「当事者の東電よりも、告発を受けながら二年間も放置して来た国と原子力保安院に対して感じた怒りのほうが大きかった」と述べる。佐藤にとって、最もやっかいであったのは、告発者本人への真偽の確かめもなくその氏名などを東電に漏らし、「自分たちが手詰まりになったとき、共犯者を裏切ってすり抜けていくような「奥に隠れて出てこないほうのムジナ」であったと指摘する。

経産省という組織を代表するはずの課長あたりと使用済み核燃料の処理に関する約束を交わしても、その人物が転任すると、いとも簡単にそのような約束が反故される経験をもつ佐藤は、「顔の見えない」官僚制とその下での原子力政策―使用済み核燃料政策も含め―を問題視し、その破局の可能性に警鐘と鳴らしてきたことをわたしたちは思い起こすべきである。それはまさに前述の大鹿が、原発事故取材のなかで憤りを感じた構造そのものでもある。佐藤はそのような体質を、つぎのように「日本病」と呼ぶ。

「責任者の顔が見えず、誰も責任を取らない日本型社会の中で、お互いの顔を見合わせ、レミング(*)のように破局に向かって全力で走り切る決意で固めたように思える。つい六〇年ほど前、大義も勝ち目もない戦争に突き進んでいったように。わたしが『日本病』と呼ぶゆえんだ。」

3

責任者の顔が見えないということでは、MOX核燃料をめぐる「スキャンダル」でも当事者の関西電力以上に、その監督官庁であるはずの通産省―当時―の責任者の顔も全く見えてこない。酸化ウランと酸化プルトニウム粉末を混合させたいわゆるMOX核燃料を、元々はウラン燃料だけを使用するように設計された軽水炉で用いることには、さまざまな問題が生じる。このことは従来からも指摘されてきた。問題視されたのはMOX核燃料そのものである。MOX核燃料の製造には多くの問題がある。当然、欠陥のあるMOX核燃料ペレットの使用は大きな事故を引き起こす可能性がある。

MOX核燃料のなかのプルトニウムが、果たして均一に混合されているのかどうか。もし均一でなければ、それが均一に燃えないことから生じるリスク―プルトニウムスポット―がある。このため、MOX核燃料を製造する英国やフランスのメーカーは工程管理と品質管理に特別な注意を払わざるをえない。日本の関西電力や東京電力がMOX核燃料の製造を依頼した英国のBNFL社（英国核燃料公社）も、品質管理等万全を期していたはずである。

＊レミング―ダビネズミともいわれる。フィンランド北部などに生息する。繁殖力が高く、個体密度が高まると群れを為して大移動するが、移動中に入水などの「集団的自殺行為」によって死ぬこともある。

だが、そうではなかった。MOX核燃料の検査にかなりの時間を要するにもかかわらず、BNFL社はその安全管理をずさんな抜き取り検査で済ましたのである。不均一なMOX核燃料は、英国バロー港から関西電力高浜原発第四号機用に日本へ向けて送り出されたのである。平成一一［一九九九］年七月一九日のことであった。

この一カ月後に関西電力高浜原発三号機用のMOX核燃料にデータ捏造の疑惑が内部告発によって浮上した。BNFL社の品質管理担当の検査委員が、抜き取り検査データをチェックした結果、データの不自然さに気づいた。

この結果、ロットごとの抜き取り検査データが他のロット検査のものをコピーしたものであることが判明した。BNFL社がこの事実を否定しなかったことから、内部告発を受けた新聞社がこの事実を公表した。

BNFL社は、データ不正の事実を日本側の関西電力と燃料設計の三菱重工に連絡した。この三日後に関西電力は、監督官庁の通産省にこの事実を報告している。関西電力は、政府の輸入燃料検査申請を行ったあとに三号機のデータ捏造を知った。当然ながら、日本に向っている第四号機用のMOX核燃料にもデータ捏造の疑惑が生じた。

関西電力と通産省は英国の原子力施設検査局（NII）に真偽を問い合わせている。しかしながら、日本側はその判定に一定時間が必要であることを知りつつも、「不正なし」と勇み足の発表を行っていた。

第四号機用MOX核燃料の輸送船の到着は、台風の影響で遅れた。前日には、東海村のJCO臨界被曝事件が起こっていた。原発事故の場合、地域住民への被曝の深刻な問題もあることから、高浜原発をもつ福井県は関西電力に対してデータの提出を要請している。もっとも、福井県の方でもこうしたデータを短期間に検証できるはずはない。しかしながら、市民団体がこれらのデータを検証し、データ捏造の疑いがあることを明らかにし、新聞にも報道された。

にもかかわらず、関西電力、通産省と原子力委員会はデータに不正なしの結論を発表した。その時点以前に、ＮＩＩがＢＮＦＬ社から二つの検査ロットに問題がある旨の連絡を受けていたといわれる。その後も、関西電力や通産省はＮＩＩから疑惑ありの連絡を受けていたとされるが、独自の調査に乗り出した形跡はない。このため、市民団体などが使用差し止め仮処分申請を裁判所に行っている。

あまりにも不自然な構図がそこにあった。製造元のＢＮＦＬ社が、ＮＩＩの検査の結果、日本向けＭＯＸ核燃料の品質データ作成の捏造を認めたものの、関西電力などは認めない。だが、こうした歪んだ構図の背景には、通産省などのプルトニウムを使ったプルサーマル発電実施への焦りがあった。だが、すべては事実によって崩れることになる。その後、関西電力はＭＯＸ核燃料の使用を断念する。

ＭＯＸ核燃料のデータ捏造の検証に関わった市民団体の一つである「グリーンアクション」代表のアイリーン・美緒子・スミスは、『核燃料スキャンダル』で日本の原子力ムラがマスコミにまで広がっていたことを、つぎのように懸念する。

「日本のマスコミはこの出来事、つまりどのようにして関西電力がＭＯＸ燃料の使用を断念したかを報道しなかった。新聞社は異様なまでに沈黙した。この社会ではマスコミに報道されないと、物事はまるで『透明人間』だ。その後思うようになったが、このままでは、私たち市民の戦いがＭＯＸ燃料使用を断念させたという事実は一切知られないままだ。日本中いろいろなところでこのような例があったとしても、今回と一緒だったら、だれも何も知るすべはない。私はとても理解できない。マスコミに『何故』と問いただしたい。
私はこの文章を通産省と関西電力の若い官僚と社員に捧げたい。データを隠したり、つじつまを合わせてのインチキ仕事には絶対に満足感はもてないはずだ。仕事に誇りを持つことは最大の喜びであるから、抵抗してでも頑張って良い仕事をしてほしい。本当に多くの人々の命がかかっているのだから。」

ここで、福島第一原発第三号機の使用燃料のことを思い浮かべる必要がある。MOX核燃料データ問題に対して公開された全データをパソコンに入力して、その捏造解明に取り組んだもう一つの市民団体「美浜・大飯・高浜原発に反対する大阪の会」代表の小山英之は、前掲書で、当時、関西電力と並んでMOX核燃料の使用が目前に迫っている東京電力の福島第一原発第三号機と同柏崎刈羽第三号機についてつぎのように記している。

「『不正を暴く手がかりとなるようなデータは絶対に公開すべきでない』、これが東電と通産省がBNFL事件から学んだ貴重な教訓であるらしい。それでもやはり、東電が今年（二〇〇〇年―引用者注）二月に出した報告書というこの神話でも、真実を完全に隠すことはできなかった。八月九日に提訴された福島地裁の裁判で原告側は、福島第一原発三号炉で『不合格ゼロという不思議』に食いつき、その糸口から攻め込んでいる。……BNFL事件の教訓を無視して通産省や電力会社が開き直るには訳がある。もしプルサーマルが中止になれば、プルトニウム抽出のために青森で建設中の再処理工場が目的を失う。そうなれば、その再処理工場に運び込む予定の使用済み核燃料が各原発サイトにあふれ、引いては原発の運転をも脅かす。結局、トイレなきマンションと称されたほどの、核のゴミに対する無策のつけが、いま『何が何でもプルトニウム』となって現れているのである。」

「開き直る」理由の一層深いところにあるより本質的な構造は、誰も責任をとらない「官僚型」組織という個人のモラルの完全喪失という精神の「堕落」の問題である。この大きな代償が福島第一原発の大惨事であり、いまもその潜在性を抱えながら日本各地に立地している原子力発電所の姿ではあるまいか。

今回の福島原発事故の経験は、決して日本だけの問題として認識してはならない。いうまでもなく、原発事故の影響は一国にとどまらない。原発事故は近隣諸国だけではなく、より広範囲の放射能汚染の影響を世界各地に及ぼす。日本社会が原発をめぐるエネルギー問題への正しい歩みは、世界を変えることにもなる。

1　福島後の日本経済論

日本列島の太平洋側三陸沖を震源として発生した巨大地震は、東北地方から関東地方にかけての東日本全域に甚大な被害をもたらした。その後、港湾設備や生活基盤の普及などによって、東北地域の復興も進んだかのようにもみえる。その一方で、福島第一原子力発電所の事故処理は、さまざまな問題を抱えたまま、現在に至っている。

今回の大震災は、多くの課題を残し続ける。このことにより、日本社会も日本経済もそれまでのあり方とは異なる方向に歩み出さざるを得ない。また、そのように歩み出している。今後の日本社会を語ることは、今後の日本経済を語ることである。同様に、今後の日本経済を語ることは、今後の日本社会を語ることである。その接点において、日本の政治を語ることである。

政治は経済と連動し、経済は政治に連動する。経済を大きく規定する財政の配分は政治のあり方でもある。とりわけ、超長期にわたって巨額の事故処理資金(＊)を支出せざるを得ない日本社会にとって、何を優先させて、何を優先させないかの判断を国民に迫る。この先にそうした財政支出を支えるだけの国民経済のあり方の課題がある。このことは、いうまでもなく自明である。

脱原発をめぐる論議は、いまも継続している。と同時に、わたしたちを震撼させた三・一一の恐怖は風化しつつある。人は今日を生きるために、昨日の恐怖を忘れようとするのかもしれない。だが、それでは明日を生きることにはならない。安易な途は、すでにある原子力発電所を稼働することでもある。だが、そこには放射能の恐怖がある。国民に安全・安心をもたらさないエネルギーは多くの代償の上に供給される。使用済み核燃料の問題も未だに解決されていない。

脱原発は、現行エネルギーと代替エネルギーのあり方を問うことでもある。その場合、多くの経済学者がすでに明らかにしたように、エネルギーコストがきちんと分析されなければならない。そのコストには個別発電所だけではなく、さまざまな社会的コストが算入されなければならない。そうしたコストを十二分に算入しなかった原子力発電コストは明らかに過小評価されてきた。

すでにふれた再生可能エネルギーもまた、今回の原発事故でそのコスト面を改善させることが、技術的に一層検討されてきている。日本経済の競争力にとって、社会的コストとエネルギ

＊東京電力は『平成二五年度報告書』で、「福島第一原子力発電所の廃炉と原子力安全」について、つぎのように報告している。「このため（廃炉作業―引用者注）、合理化等により今後一〇年間で一兆円の追加資金・予算枠を確保するとともに、本年四月に設置した『福島第一廃炉推進カンパニー』のもとに、廃炉・汚染水対策に集中して取り組みます。平成二七年度三月までに、約八〇トンのタンク容量を確保するとともに各種除去設備の増強等により貯留汚染水を浄化いたします。また、昨年開始した四号機の使用済燃料プールからの燃料取り出しにつきましては、本年内の完了をめざしてまいります。……」。また、「経営合理化のための方策」として「……コスト意識の徹底を今後もさらにすすめることなどにより、三年間の累計で一・三兆円のコスト削減を実施いたします」とされた。

＊＊電力会社では、たとえば、

ー利用の持続可能性を十二分に考慮した上で、より最適なエネルギー源の確保が重要性を増してきている。

さらに、環境負荷という点、とりわけ、火力発電所などでの化石燃料の使用で排出される二酸化炭素による温室効果―地球温暖化―への対抗策として、原子力発電所の存在意義が評価されてきた。ただし、火力発電所については、その後の技術進歩によって燃料効率や二酸化炭素排出が抑制されてきた側面もある。

現在は火力発電所からの窒素酸化物―一酸化窒素、二酸化窒素など―や二酸化炭素の排出も、燃焼時の煤の汚れが少ない液化天然ガス(**)の場合、従来の石炭の四〜六割にとどまる。工場などで自家発電所用に使われる小型高効率ガスジェネレーションも電力供給だけではなく、その排熱を活用できるようにもなってきている。

2

これからのエネルギーについては、集中型の供給システムではなく、各地の地域資源をうまく活用でき、送電ロスの少ない地域分散型の電力などの供給システムを無駄なく利用することで、環境への負荷軽減も考えられる。技術は社会のあるべき方向が定まれば、そのように変化しつづける。

エネルギーロスということでは、電力を起こす時に発生する排熱それ自体を有効に利用できる。そのような廃熱利用は、個別家庭ではなく地域内公共サービスとしてのエネルギー活用でもある。そのような取り組みが今後の日本経済の本質的な競争力を形成する。それは個別企業あるいは個別産業ごとの狭義の競争力ではなく、広義での日本の社会的競争力といってよい。

北海道電力は平成三一年二月の運転に向けて石狩湾新港発電所に液化天然ガス使用の火力発電所（五六・九六万キロワット）を設けるための工事を予定している。東北電力は平成三〇年以降、米国からシェールガスを含む天然ガスを原料とした液化天然ガスを購入することを決定している。また、同社は新仙台火力発電所の老朽化した発電機に代わって、液化天然ガスを使用するコンバインサイクル発電方式のための工事を行っている。これによって、従来のガス火力発電と比較して、燃料費・二酸化炭素排出量ともに約三割の削減が可能になるとみている。

原発停止後の電力会社の発電構成をみておくと、九州電力は原発停止中の平成二五［二〇一三］年～平成二六［二〇一四］年の実績で石炭が全体の三四％、液化天然ガスが同三七％、石油などが同一八％、水力が同六％、その他が五％となっている。

その中核はそれまでの「成長」志向一辺倒ではなく、「持続」志向である。

「持続性」という面から重視されるべきは、エネルギー多浪費をいかに回避するかである。ここでは、エネルギー消費の多寡が経済的豊かさの規定要因ではなく、いかに少なく消費するかが豊かさの象徴的指標でなければならない。この面については、さまざまな技術的イノベーションがすでに展開されてきている。家計でのエネルギーの主役は家庭用器具のほかに、いまや一家に一台以上ある自動車(*)―首都圏はともかく地方では―がある。

移動の自由において、乗用車はきわめて魅力的である。反面、電車やバスなどの公共交通機関と比べると、エネルギー消費において非効率的な交通手段である。そのために道路や駐車場への巨大な投資を必要とするとともに、大気汚染や交通事故などの社会的コストも大きい。重要であるのは、エネルギーの消費主体である家計と企業での個別対応だけではなく、社会全体の省エネ・システムである。

社会全体ということでは、公共サービスとエネルギー消費の関係が重視されねばならない。現在の交通システムがエネルギー利用の面において最適であるのかどうか。移動手段として自転車や徒歩で代替可能にもかかわらず、自動車が近距離地域内の移動手段として使われすぎている。こうした自動車、とりわけ、乗用車のエネルギー消費を減らすことで二酸化炭素排出量も軽減できる。こうした見方に対しては、先進国経済において自動車産業が大きな産業であり、その関連産業も含めると雇用などの面で大きな役割(**)を果たしてきており、自動車産業の縮小が大きな負の雇用効果をもつという見方も強い。

だが、今後、わたしたちの地球規模での経済生活の持続性を考えれば、自動車産業に依存しすぎる経済から、鉄道などの公共交通システムの充実と個別のエネルギー消費を抑制しても、

＊都道府県別の一〇〇世帯当たりの乗用車保有台数（二〇一二年）は、福井県が第一位で一七八・一台、ついで富山県（一七四・四台）、群馬県（一六九・八台）、山形県（一六八・七台）、岐阜県（一六七・〇台）となっている。最下位は東京都（四八・九台）となっている。自動車検査登録情報協会資料による。

＊＊これは直接に自動車の製造に関連する機械や金属製品のさまざまな工業分野だけではなく、ガソリンスタンド、駐車場、自動車整備業などの商業・サービス業に加え、自動

その総体として巨大なエネルギー消費となる自動車のあり方を考えれば、脱自動車産業の産業構造の経済へと転換させる必要がありはしないか。

3

野放図なモータリーゼーションについても、再考の時期がきている。計画性のないモータリーゼーションは、人びとの移動が少ない中心市街地を変貌させ、人びとの移動を促進させるような町づくりをもたらした。自動車は売れ、高速道路が作られ、一般道路も拡張され、駐車場が増設され、郊外にはショッピングセンターがつぎつぎと作られた。こうした過程でわたしたちの経済は拡大したものの、それはエネルギー多消費を前提とした発展でもあった。

エネルギー少消費など環境負荷が小さい製品やサービスが、より多くの雇用創出につながる産業を生み出すには、どうすればよいのか。政府はどのような支援策を用意すべきなのか。

エネルギー消費と産業の栄枯盛衰からみれば、耐久消費財を修理・修繕して使用するよりも、使い捨てにすることにより産業が成長するメカニズムがあった。エネルギー使用を少なくするには耐久消費財を修理・修繕するなどして長く使えばよい。他方、それを生産する産業の成長は抑制される。

だが、修理・修繕あるいはリサイクルやリユース的な耐久消費材の使用を支えるサービス産業が、他方で成長できる可能性もある。従来、エネルギーと経済成長との関係からみれば、エネルギー使用量の多寡が経済成長率を大きく左右してきた。こうした因果関係を逆転させるには、わたしたち自身のライフスタイルを変えることと、それを支える社会的システムへの転換こそが重要となる。

車保険、道路建設や維持の分野などきわめて広範囲で裾野が広い産業群である。

＊コンパクトシティー──都市の中心地域に行政施設、商業施設、住宅などをコンパクトに

地域の産業振興のためには、エネルギー供給システムとエネルギー節約をどのように連関させることができるのか。交通問題などに取り組んできた上岡直見たちは『脱原発の市民戦略』で、この点についてつぎのように指摘する。

「かりに一律一五%の削減を実行したとすると、全国の家計消費で約七四五三億円が節約される。もしこの金額を地域内で循環させ、いわゆる地産地消に活用するとどのような効果が生じるであろうか。地域経済の振興・雇用の創出、さらには巡って地方税収の増加につながる。節電を『がまん』『活動が制約される』とネガティブな方向だけに捉えるのではなく、地域振興の一側面として考える事ができるのではないか。」

いま、コンパクトシティー(*)や公共交通も含めた公共サービスのあり方が、問われてきている。比喩的にいえば、それは昔のような地域に戻ることを示唆するのだろうか。だが、そう簡単に戻れるはずもない。それこそが個々の企業におけるイノベーションではなく、社会的イノベーションが必要とされる背景である。

現在も、日本経済の高成長路線が主張される。だが、他の先進経済国と同様に重要なのは「成長」ではなく、むしろすでにふれたように「持続」である。今回の原発事故は多くの問題点と課題を提起した。とりわけ、それまでのエネルギー消費のあり方を見直すことを通じて、福島後の日本経済のデザイン―日本経済論―をきちんと展開しなければならない。わたしたちは、「福島後の日本経済論」を必要としている。

集中させた空間利用である。かつて都市は近郊からさらに郊外へと無秩序に膨張を繰り返す一方で、中心市街地が衰退するケースが多くなってきた。それは世界各地でみられるようになり、スプロール化現象と呼ばれるようになった。都市の膨張を後追いするように道路が創られ、交通渋滞、土地価格の高騰、環境の悪化、近隣農業の衰退などの問題が出てきた。

一九九〇年代ごろから、欧州諸国を中心に、このスプロール化現象の解消に、都市機能を徒歩・自転車圏内に集約させる小規模な町づくりが提唱されるようになった。職住近接による交通量の削減と交通渋滞の解消、近隣の農地活用と農業の振興によるフードマイレージの改善、商店街の活性化による地域社会の復興などが試みられてきた。日本でも地方自治体の財政難や少子高齢化など人口構成の変化によって、地方都市でそのような取り組みが進められつつある。

あとがき

わたしは義務としてこの本を書いた。わたしにとって、義務として書いた本はこれで三冊目となった。最初の本は、日本人の名前がほとんどあがってこない経済学史を日本人の学者や研究者の視点から取り上げた『通史・日本経済学—経済民俗学の試み—』である。教壇などでもっぱら経済学的接近方法から現代社会をとらえてきたわたしのような者にとって、「経済学とは何か」についてやはり一冊は書いておくべき義務があると感じた。これは経済学史の研究者だけの分野ではなく、経済学者である自らのアイデンティティに関わる仕事となった。

二冊目は、経営学部で、経済学からみた中小企業の存立状況や中小企業の経営を論じてきたわたしのような者にとって、外部からは経営学を論じているとみられることが真に多い。経営学部で経済学を論じているというのも、ある種の言い訳のような気がしていた。わたしの義務として正面から経営学を取り上げようと思った。自分なりの経営観を『経営学講義—世界に通じるマネジメント—』で論じてみた。

そして、三冊目として本書『福島後の日本経済論』を書いた。それは経済学や経営学では、しばしば社会や政治の事象を捨象し、極度に抽象化した所与の条件（given condition）の下で、経済主体の行動だけを問題視しがちである。だが、今回の福島第一原発事故という大惨事は、従来の経済学や経営学の考え方やあり方に反省を迫ってもいるのだ。これはわたしの反省でもある。

この意味で、わたしも研究者のはしくれとして、自分自身の「福島論」を書かなければならないと思った。原発への技術的知識や、福島県を含め東北社会や東北経済への乏しい知識に自分自身が苛立ちを覚えつつも、少なくとも、わたしとして、いまの時点で書いておくべきことを強く感じた。

直接的な動機としては、わたしは演習（ゼミナール）の時間でも、学生たちと原子力発電のあり方や電力会社のマネジメントのあり方などをよく話し合った。そうしたなかで、この三年間あまりで原子力などエネルギー問題や、電力会社の経営問題等を卒業論文として取り上げる学生が毎年数名ぐらいは出てくることだろうと思っていた。いまのところ、結果としては直接的―間接的ではなく―に、原発問題を取りあげた学生たちはきわめて少ない。

法学部や社会学部のゼミナールの卒論テーマ事情では異なる状況があるかもしれない。これはきわめて限られたわたしのクラスでの経験である。わたし自身、多くの若者にとって生涯にわたって付き合わざるをえない原発問題への対処の仕方について考えさせられた。彼らあるいは彼女らにとって、今回の原発事故はすでに過去の事故になりつつあるのだろうか。

いうまでもなく、どこの国であろうと、若者たちの意識はその社会のあり方の投影でもある。また、マスメディアのあり方などもまたそこに反映されているにちがいない。花から花へと蜜を求めて飛び回るミツバチのように、新聞などのマスコミーサラリーマン・ジャーナリスト―はその時々の大きなトピックを取り上げても、長期的かつ持続的にひとつの重要事項を追うことにおいて信頼度は劣る。

今回もかつての時代と同じように、福島第一原発の大惨事のその後の姿などもまた、テレビなどマスメディアでは風化し始めている。日本だけではなく世界でも、今後何世代にもわたって放射能汚染の恐怖を与えつづけるこの大惨事を風化させてはならない。このことも原子力には全くの素人であるわたしを突き動かした。

とはいえ、わたしなどは大学時代に化学を専攻したこともあり、大学に入りたてのころの化学概論あたりで原子力発電の仕組みを習った記憶――いまでもテキストにあった原子炉の構造図などははっきりと覚えている――があるぐらいで、原子力工学には全くの素人である。それでも元々化学屋であったことから原子力工学の研究者たちの解説などの化学工学用語は若いころに慣れ親しんだもので、工学的好奇心が呼び起こされ、原発事故を契機にわたしなりに原子力工学を学び直した。

だが、そうした専門領域の議論よりも、むしろわたしをハッとさせたのは、その後のわたしの研究者人生で専攻するようになり、内外のあちこちの大学で講義の機会を得た産業政策や中小企業政策(*)などで論じた共通の利害関係の構図が、わが国原子力政策にもあったことへの気づきであった。この順序は逆かもしれない。また、双方通行であったかもしれない。産業界のムラ意識が電力業界へと伝搬しただけなのか。あるいは、原子力政策の構図が他の産業分野に擬制化されていったのか。

中小企業政策についてみれば、存立地域も業種業態も異なる経済主体（＝中小企業）を統一された政策範疇でくくることが、まことに困難な政策分野である。それだけに中小企業政策において初期の政策目的などいまだかつて完全に達成されたことがなかった。このことと比べると、原子力政策はわかりやすい単一目標と電力会社という地域独占企業を対象にした点で、日本の政策体系のなかでむしろ特異なものではないかと考えるようになった。

＊たとえば、つぎの拙著を参照。寺岡寛『日本の中小企業政策』有斐閣（一九九七年）、同『中小企業政策の日本的構図―戦前・戦中・戦後―』有斐閣（二〇〇〇年）、『中小企業と政策構想―日本の政策論理をめぐって―』信山社（二〇〇一年）、『日本の政策構想―制度選択の政治経済論―』信山社（二〇〇二年）。

かつて、わたしが日本の中小企業政策史の執筆時に、戦前期の中小企業政策をまとめる際に出くわした軍需生産に向けての「産業報国会」のあり方を思い浮かべるようになった。要するに、社会学などの分野の研究者たちが、それを「原子力ムラ」と名付けたのは、「原子力報国会」ではなかったのではあるまいか。健全な批判精神のない社会に、その社会の正しい発展方向などはまずはもってありえない。(*)

産業報国会は軍需生産の増強をはかるために「労使一体」が強調され、工場・事業所単位で結成された。この目的のために、昭和一四［一九三九］年に、政府は労働組合の解散を命じ、産業報国精神の官制組織化を目指した。産業報国会は翌昭和一五［一九四〇］年一一月に全国組織として結成された。産業報国会はその後、大政翼賛会の翼下に入り、日本経済の軍需経済化を推し進めた。だが、圧倒的な物資不足の下で、戦争継続のための生産体制の維持はやがて困難となる。ただし、官僚側の統制感覚と政策遂行の手法だけは戦後に継承され、原子力報国会という原子力ムラが出来上がった、といえなくもない。

その際、十二分に留意しておくことは、原子力業界をめぐる構造である。原子力の歴史は、単に日本だけではなく、米国や欧州諸国、そしておそらくアジア諸国においても事実の隠蔽史ではなかったのか。

隠蔽せざるをえないのは、原子力発電を支える技術そのものが完成されたものではなく、きわめて不安定な、あるいは未完成の技術であった。つまり、それは未完成の上に原子力発電が成立してきたことではなかったのか。ゆえに、それを不問に付すために実にさまざまなことが行われてきたのではないだろうか。技術とは、わたしたちの社会から独立した中立的なものではけっしてなく、技術を使う人間とその集団のあり方がそこに等身大で投影している。

＊寺岡寛『日本の中小企業政策』有斐閣（一九九七年）、同「中小企業政策の日本的構図―戦前・戦中・戦後―」有斐閣（二〇〇〇年）。

原子力発電所の立地とその後の隠蔽された事故をめぐるおぞましい話は、そうした構造を象徴化している。考えてみれば、原子力というエネルギーは、そもそも原子爆弾という無差別殺人―正確には人のみならず、すべての動植物に対しても―兵器に必要なプルトニウムの製造には原子炉が必要であり、ここでは本末転倒の平和利用イデオロギーが跋扈してきた。

　核燃料としてのプルトニウムの毒性がとんでもないことは当初から知られていた。しかしながら、その放射線被害は過小評価されてきた。このプルトニウムの命名の由来は、ギリシア神話に登場する黄泉の国の神プルトン(**)であり、それはまさに死者の世界である。人間が作り出したプルトニウムはわたしたちを死の世界へ導く毒性の大きい死の物質であった。このプルトニウムはきわめて効率の悪いサイクロトロンではなく、その生成には効率性の高い原子炉が必要であった。

　原子力は、当時の冷戦構造の下で開発が続けられた。原子力のもつそうした軍需的匂いを打ち消し、原子力の放射線被害を過小評価させるために、日本のみならず、世界各国でどれほどの広告宣伝費が費消されてきたのだろうか。原子力の安全を示す広告宣伝費の一部でも、理想的にはその全額が原子力安全対策に投じられていれば、原発事故から派生する負の連鎖をある程度断ち切れたかもしれない。今後、原発事故収束にむけての財政問題もわたしたちに残されている。

　福島原発事故の報に接してしばらくして、わたしは大学に入学したころのことを思い出したことがある。図書館で手にした一冊の本のことである。それは日本移民史であった。わたしはそこで「棄民」ということばに初めて接した。なぜか、わたしのなかで原発事故と棄民という言葉が結びついて、いまだにわたしの脳裏から離れない。わたしたちのこれからの途方もない

＊＊神ハデスの別名である。地下の死者の国の支配者である。プルトンはクロノスとレアの子であり、兄弟にはゼウス（天空神）とポセイドン（海神）がいる。プルトンは兄弟たちとティタンとの戦いに勝利したあと、くじを引き世界を分け合った。プルトンは黄泉の国のくじを引き当てた。

時間を費やして取り組む原発事故処理の歴史が棄民史になってはならない。

わたしが本書で展開した内容は、別段、新しい発見などないのかもしれない。だが、過去から同じようなことが繰り返され、また、将来においてそれが繰り返されるのではないかという確認ができた。

わたしたちが少しでも立ち止まって、過去と現在、将来のわたしたちの社会のあり方を再考するための材料が多少なりとも本書にあれば著者望外の喜びである。本書は中京大学経営研究双書の一冊として刊行される。ご支援いただいた大学関係者にお礼を申し上げたい。発行にあたっては、同文舘出版の市川良之氏にこまごまとした編集作業のお世話になった。感謝申し上げたい。

二〇一五年八月
福島原発から四年あまりが経過して
寺岡　寛

参考文献

[あ]

相川祐里奈『避難弱者―あの日、福島原発間近の老人ホームで何が起きたのか?―』東洋経済新報社、二〇一三年。

アップリンク編『三・一一以降を生きる―肥田舜太郎医師講演より―』アップリンク、二〇一二年。

青野豊作『夕張市長まちおこし奮戦記―超過疎化からの脱出作戦―』PHP研究所、一九八七年。

浅川　凌『元・現場技術者がすべてを語った!―福島原発でいま起きている本当のこと―』宝島社、二〇一一年。

朝日新聞・特別報道部『プロメテウスの罠―明かされなかった福島原発事故の真実―』学研パブリッシング、二〇一二年。

天笠啓裕『東電の核惨事』緑風出版、二〇一一年。

有馬哲夫『原発・正力・CIA―機密文書で読む昭和裏面史―』新潮社、二〇〇八年。

―――『原発と原爆―「日・米・英」核武装の暗闘―』文藝春秋、二〇一二年。

安斉育郎『福島原発事故―どうする日本の原発政策―』かもがわ出版、二〇一〇年。

石井　彰『エネルギー論争の盲点―天然ガスと分散化が日本を救う―』NHK出版、二〇一一年。

五十嵐敬喜『『国土強靭化』批判―公共工事のあるべき『未来モデル』とは―』岩波書店、二〇一三年。

石橋克彦編『原発を終わらせる』岩波書店、二〇一一年。

井熊　均『次世代エネルギーの最終戦略―使う側から変える未来―』東洋経済新報社、二〇一一年。

磯村健太郎・山口栄二『原発と裁判官―なぜ司法は「メルトダウン」を許したのか―』朝日新聞出版、二〇一三年。

一般財団法人・日本再建イニシアティブ編『福島原発事故独立検証委員会・調査・検証報告書』ディスカバー、二〇一二年。

井手英策『日本財政　転換の指針』岩波書店、二〇一三年。

一ノ宮美成・小出裕章・鈴木智彦・広瀬隆他『原発再稼働の深い闇』宝島社、二〇一二年。

今西憲之・週刊朝日取材班『福島原発の真実　最高幹部の独白』朝日新聞社、二〇一二年。

医療問題研究会編『低線量・内部被爆の危険性―その医学的根拠―』耕文社、二〇一一年。

岩波書店『科学―震災・原発事故三年―』（二〇一四年三月号）岩波書店、二〇一四年。

ウェルサム、アイリーン（渡辺正訳）『プルトニウムファイル―いま明かされる放射能人体事件の全貌―』翔泳社、二〇一三年。

ウォルレン、カレル・ヴァン（西岡公・篠原勝・中村保男訳）『日本の知識人へ』窓社、一九九五年。

内橋克人『日本の原発、どこで間違えたか』朝日新聞社、二〇一一年。

エクランデ、イーヴァル（南條郁子訳）『偶然とは何か―北欧神話で読む現代数学理論全六章―』創元社、二〇〇六年。

海老沢善一・高須健至・田川光照・竹中克英・常石希望『人はなぜ暴力をふるうのか』梓出版社、二〇〇三年。

海老沢善一・太田明・高須健至・田川光照・常石希望『続・人はなぜ暴力を振るうのか』梓出版社、二〇一〇年。

ＮＨＫＥＴＶ特集取材班『原発メルトダウンへの道―原子力政策研究会一〇〇時間の証言―』新潮社、二〇一三年。

大石久和『国土と日本人―災害大国の生き方―』中央公論新社、二〇一二年。

大磯眞一『ドラマチック電力経営論―電力会社を変える四つのシナリオ―』エネルギー・フォーラム、二〇一〇年。

大谷昭宏事務所・関電争議取材班『関西電力の誤算』（上・下）旬報社、二〇〇二年。

大鹿靖明『メルトダウン―ドキュメント福島第一原発事故―』講談社、二〇一二年。

大島堅一『原発のコスト―エネルギー転換への視点』岩波書店、二〇一一年。

岡田真美子編『地域再生とネットワーク―ツールとしての地域通貨と協働の空間づくり―』昭和堂、二〇〇八年。

大沼安史『世界が見た福島原発災害』（一）（二）（三）緑風出版、二〇一一年～二〇一二年。

小野俊一『フクシマの真実と内部被爆』七桃社、二〇一三年。

恩田勝亘『福島原発―現場監督の遺言―』講談社、二〇一二年。

奥平康弘『治安維持法小史』岩波書店、二〇〇六年。

小熊英二編著『原発を止める人々―三・一一から官邸前まで―』文藝春秋社、二〇一三年。

［か］

海渡雄一『原発訴訟』岩波書店、二〇一一年。

――――『反原発へのいやがらせ全記録―原子力ムラの品性を嗤う―』明石書店、二〇一四年。

開沼博『「フクシマ論」―原子力ムラはなぜ生まれたのか―』青土社、二〇一一年。

科学技術政策史研究会編（科学技術庁技術政策研究所監修）『日本の科学技術政策史』（社）未踏科学技術協会、二〇〇一年。

カーソン、レイチェル（青樹簗一訳）『沈黙の春』新潮社、一九七四年。

鎌中ひとみ『原発の、その先へミツバチ革命が始まる』集英社、二〇一二年。

上岡直見・岡雅男『脱原発の市民戦略』緑風出版、二〇一二年。

上岡直見『原発避難計画の憲章―このままでは、住民の安全は保障できない―』合同出版、二〇一四年。

上遠恵子『Rachel Carson―その生涯―』レイチェル・カーソン女史生誕八〇年記念事業推進委員会、一九八七年。

河西英通『続・東北―異境と原境のあいだ―』中央公論新社、二〇〇七年。

加藤和俊『失業と救済の近代史』吉川弘文館、二〇一一年。

加藤良重『自治体財政破綻の危機・管理』公人の友社、二〇一三年。

門田隆将『死の淵を見た男―吉田昌郎と福島第一原発の五〇〇日―』ＰＨＰ研究所、二〇一二年。

鎌田　慧『原発列島を行く』集英社、二〇〇一年。

神谷秀之・桜井誠一『自治体権力と受援力―もう国に依存できない―』公人の友社、二〇一三年。

川島博之『電力危機をあおっていけない』朝日新聞社、二〇一一年。

河田昌東『チェルノブイリと福島』緑風出版、二〇一一年。

川村　港『福島原発人災記―安全神話を騙った人々―』現代書館、二〇一一年。

河西英通『続・東北―異境と原境のあいだ―』中央公論新社、二〇〇七年。

ガンターゼン、アーニー（岡崎玲子訳）『福島第一原発―真相と展望―』集英社、二〇一二年。

菅　直人『東電福島原発事故―総理大臣として考えたこと―』幻冬舎、二〇一二年。

菅野典雄『美しい村に放射能が降った―飯舘村長・決断と覚悟の一二〇日―』ワニ・プラス、二〇一一年。

橘川武郎『東京電力　失敗の本質』東洋経済新報社、二〇一一年。

木野龍逸『検証・福島原発事故記者会見2―「収束」の虚妄―』岩波書店、二〇一三年。

――『検証・福島原発事故記者会見―欺瞞の連鎖―』岩波書店、二〇一四年。

グリーン・アクション、美浜・大飯・高浜原発に反対する大阪の会共編『核燃料スキャンダル』二〇〇〇年。

グールド、ジェイ・マーティン（肥田舜太郎・斎藤紀・戸田清・竹之内真理共訳）『低線量内部被曝の脅威―原子炉周辺の健康破壊と疫学的立証の記録―』緑風出版、二〇一一年。

経済企画庁総合開発局監修・下河辺淳編『資料新全国総合開発計画』至誠堂、一九七一年。

原子力資料情報室・原水禁編『破綻したプルトニウム―政策転換への提言―』緑風出版、二〇一〇年。

越沢　明『後藤新平―大震災と帝都復興―』筑摩書房、二〇一一年。

小出裕章『隠される原子力・核の真実―原子力の専門家が原発に反対するわけ―』創史社、二〇一〇年。

――『原発のウソ』扶桑社、二〇一一年。

――『騙されたあなたにも責任がある』幻冬舎、二〇一二年。

――『図解・原発のウソ』扶桑社、二〇一二年。

河野太郎『原発と日本はこうなる―南に向かうべきか、そこに住み続けるべきか―』講談社、二〇一〇年。

国土庁編『第四次全国総合開発計画』一九八八年。

国際基督教大学平和研究所編『脱原発のための平和学』法律文化社、二〇一三年。

越沢　明『後藤新平―大震災と帝都復興―』筑摩書房、二〇一一年。

小林良彰『政権交代―民主党政権とは何であったのか―』中央公論新社、二〇一二年。

小堀桂一郎編『東京裁判日本の弁明―「却下未提出弁護資料」抜粋―』講談社、一九九五年。

［さ］

斎藤貴男『民意のつくられかた』岩波書店、二〇一一年。

――『「東京電力」研究―排除の系譜―』講談社、二〇一二年。

斎藤　誠『原発経済学―社会科学者として考えたこと―』日本評論社、二〇一一年。

斎藤　眞『関西電力反原発町長暗殺指令』宝島社、二〇一一年。

斎藤　浩『原発の安全と行政・司法・学界の責任』法律文化社、二〇一三年。

佐々木毅・鶴見俊輔・富永健一・中村政則・正村公宏・村上陽一郎編『戦後日本史大事典（増補新版）』三省堂、二〇〇五年。

佐藤栄佐久『福島原発の真実』平凡社、二〇一二年。

佐藤主光『地方税改革の経済学』日本経済新聞社、二〇一一年。

佐藤俊幸『コミュニティ金融と地域通貨―我が国の地域の状況とオーストラリアにおける地域再生の事例―』新評論、二〇〇五年。

ジェイコブス、ジェイン『発展する地域　衰退する地域―地域が自立するための経済学―』筑摩書房、二〇一二年。

首長編『脱原発で住みたいまちをつくる宣言』影書房、二〇一三年。

シューマッハー、エルンスト（小島慶三・酒井懋訳）『スモールイズビューティフル―人間中心の経済学―』講談社、一九八六年。

――（酒井懋訳）『スモールイズビューティフル再論』講談社、二〇〇〇年。

ジョージ、スーザン（荒井雅子訳）『これは誰の危機か、未来は誰のものか―なぜ一％にも満たない富裕層が世界を支配するのか―』岩波書店、二〇一一年。

菅谷　昭『これから一〇〇年放射能と付き合うために』亜紀書房、二〇一二年。

――『原発事故と甲状腺がん』幻冬舎、二〇一三年。

鈴木智彦『ヤクザと原発—福島第一潜入記—』文藝春秋、二〇一一年。

鈴木康弘『原発と活断層—『想定外』は許されない—』岩波書店、二〇一三年。

関 曠野『フクシマ以後—エネルギー・通貨・主権—』青土社、二〇一一年。

［た］

高木仁三郎『原発事故はなぜくりかえすのか』岩波書店、二〇〇〇年。

高橋哲哉『犠牲のシステム福島・沖縄』集英社、二〇一二年。

高橋 洋『電力自由化—発送電分離から始まる日本の再生—』日本経済新聞出版社、二〇一二年。

高橋哲哉・小泉好延・内海愛子・市野川容孝・海老坂武・菅井益郎・桜井均・越智敏夫『脱原発宣言—文明の転換点に立って—』世織書房、二〇一二年。

たくきよしみつ『裸のフクシマ—原発三〇KM圏内で暮らす—』講談社、二〇一一年。

田中利幸・カズニック、ピーター『原発とヒロシマ—「原子力平和利用」の真相—』岩波書店、二〇一一年。

田中三彦『原発はなぜ危険か—元設計技術者の証言—』岩波書店、一九九〇年。

（社）中小企業研究センター『年報二〇一一年』二〇一一年。

辻 貴之『民主党はなぜ、日本を壊したのか』扶桑社、二〇一二年。

辻 信一監修『ハチドリのひとしづく—いま、私にできること—』光文社、二〇〇五年。

東京裁判研究会『共同研究パル判決所』（上）（下）講談社、一九八四年。

東京新聞原発事故取材班『レベル七—福島原発事故、隠された真実—』幻冬舎、二〇一二年。

［な］

中川保雄『増補・放射線被曝の歴史—アメリカ原爆開発から福島原発事故まで—』明石書店、二〇一一年。

名嘉幸照『〝福島原発〟ある技術者の証言―原発と四〇年間共生してきた技術者が見た福島の真実―』光文社、二〇一四年。

永松伸吾『減災政策論入門―巨大リスクのガバナンスと市場経済―』弘文堂、二〇〇八年。

中原聖乃『放射線難民から生活圏再生へ―マーシャルからフクシマへの伝言―』法律文化社、二〇一二年。

長山準哉『放射線規制値のウソ―真実へのアプローチと身を守る法―』緑風出版、二〇一一年。

七沢　清『原発事故を問う―チェルノブイリから、もんじゅへ―』岩波書店、一九九六年。

根本祐二『「豊かな地域」はどこがちがうのか―地域間競争の時代―』筑摩書房、二〇一三年。

［は］

橋爪　文『少女・十四歳の原爆体験期―ヒロシマからフクシマへ―』高文社、二〇〇一年。

橋山禮次郎『必要か、リニア新幹線』岩波書店、二〇一一年。

蓮池　透『私が愛した東京電力―福島第一原発の保守管理者として―』かもがわ出版、二〇一一年。

バズビー、クリス（飯塚真紀子訳）『封印された「放射能」の恐怖―フクシマ事故で何人がガンになるのか―』講談社、二〇一二年。

原田正純『水俣病は終わっていない』岩波書店、一九八五年。

――――『豊かさと棄民たち―水俣学事始め―』岩波書店、二〇〇七年。

馬場朝子・山内太郎『低線量汚染地域からの報告―チェルノブイリ二六年後の健康報告―』NHK出版、二〇一二年。

早川タダノリ『原発ユートピア日本』合同出版、二〇一四年。

バンダジェフスキー、ユーリー（久保田護訳）『放射性セシウムが人体に与える医学的生物学的影響―チェルノブイリ原発事故被曝の病理データ―』郷堂出版、二〇一一年。

日隅一雄・木野龍逸『検証福島原発事故記者会見―東電・政府は何を隠したのか―』岩波書店、二〇一二年。

久繁哲之助『地域再生の罠―なぜ市民と地方は豊かになれないのか―』筑摩書房、二〇一〇年。

日野行介『福島原発事故県民健康管理問題の闇』岩波書店、二〇一三年。

肥田舜太郎『被爆と被曝─放射線に負けずに生きる─』幻冬舎、二〇一三年。

──『被曝医師のヒロシマ─二一世紀を生きる君たちに─』新日本出版社、二〇一三年。

広井良典『人口減少社会という希望─コミュニティ経済の生成と地球倫理─』朝日新聞出版、二〇一三年。

広河隆一『福島　原発と人びと』岩波書店、二〇一一年。

広瀬　隆『東京に原発を！』集英社、一九八六年。

──『原子力産業の終焉─新エネルギーが世界を変える─』NHK出版、二〇一一年。

──『福島原発メルトダウン』朝日新聞社、二〇一一年。

廣田裕之『改定新版・地域通過入門─持続可能な社会を目指して─』アルテ、二〇一一年。

菱田信也・山本雄史『再生の町』TAC出版、二〇一〇年。

深尾光洋『財政破綻は回避できるか』日本経済新聞出版社、二〇一二年。

福島原発告訴団編『これでも罪を問えないのですか！─福島原発告訴団五〇人の陳述書─』金曜日、二〇一二年。

福島民報社編集局『福島原発と原発─誘致から大震災への五十年─』早稲田大学出版部、二〇一三年。

藤沢数希『「反原発」の不都合な真実』新潮社、二〇一二年。

冨士信夫『私の見た東京裁判（上）（下）』講談社、一九八八年。

船橋洋一『カウントダウン・メルトダウン』（上・下）文藝春秋社、二〇一二年。

ホーケンス、ポール／ロビンス、B・エイモリ／ロビンス、L・ハンター（佐和隆光監訳・小幡すぎ子訳）『自然資本の経済─「成長の限界」を突破する新産業革命─』日本経済新聞出版社、二〇〇一年。

北海道新聞取材班『追跡・「夕張」問題─財政破綻と再起への苦闘─』講談社、二〇〇九年。

本間義人『土木国家の思想─都市論の系譜─』日本経済評論社、一九九六年。

──『地域再生の条件』岩波書店、二〇〇七年。

本間　龍『原発広告』亜紀書房、二〇一三年。

【ま】

松下圭一『二〇〇〇年分権改革と自治体危機』公人の友社、二〇一三年。

丸山真男『日本の思想』岩波書店、一九六一年。

――――『現代政治の思想と行動』未来社、一九六四年。

――――『丸山眞男座談』第一巻〜第八巻、岩波書店、一九九六年。

真山　仁『ベイジン』（上・下）幻冬社、二〇一〇年。

マンガード、ジョゼフ・ジェームズ編（戸田清・竹野内真理訳）『原発閉鎖が子どもを救う―汚染の放射能汚染とガン―』緑風出版、二〇一二年。

水木しげる・堀江邦夫『福島原発の闇―原発下請け労働者の現実―』朝日新聞社、二〇一一年。

【や】

薬師寺克行『証言　民主党政権』講談社、二〇一二年。

山秋　真『原発はつくらせない人びと―祝島から未来へ―』岩波書店、二〇一二年。

山下祐介・市村高志・佐藤彰彦『人間なき復興―原発避難と国民の「不理解」をめぐって―』明石書店、二〇一三年。

山戸貞夫『祝島のたたかい―上関原発反対運動史―』岩波書店、二〇一三年。

安富　歩『原発事故と「東大話法」―傍観者の論理・欺瞞の言語―』明石書店、二〇一二年。

山口二郎『政権交代とは何だったのか』岩波書店、二〇一二年。

山崎勇治・嶋田巧編著『世界経済危機における日系企業―多様化する状況への新たな戦略―』ミネルヴァ書房、二〇一二年。

吉岡　斉『新版・原子力の社会史―その日本的展開―』朝日新聞社、二〇一一年。

読売新聞北海道支社夕張支局編著『限界自治　夕張検証―女性記者が追った六〇〇日―』梧桐書院、二〇〇八年。

［ら］

リフキン、ジェレミー（田沢恭子訳）『第三次産業革命―原発後の次代へ、経済・政治・教育をどう変えていくか―』インターシフト、二〇一二年。
ロベール、カール・ヘンリク（市河俊男訳）『ナチュラル・ステップ―スウェーデンにおける人と企業の環境教育―』新評論、一九九六年。

［わ］

渡辺雄二『どう身を守る?放射能汚染』緑風出版、二〇一一年。

人名索引

《は　行》

《ま　行》

《や　行》

《ら　行》

《た　行》

《な　行》

《さ　行》

事項索引

《あ　行》

《か　行》

【著者紹介】
寺岡　寛（てらおか・ひろし）

1951年神戸市生まれ
中京大学経営学部教授，経済学博士（京都大学）
主　著
『アメリカの中小企業政策』信山社（1990年），『アメリカ中小企業論』信山社（1994），『アメリカ中小企業論（増補版）』信山社（1997年），『中小企業論』（共著）八千代出版（1996年），『日本の中小企業政策』有斐閣（1997年），『日本型中小企業』信山社（1998年），『日本経済の歩みとかたち』信山社（1999年），『中小企業政策の日本的構図―日本の戦前・戦中・戦後―』有斐閣（2000年），『中小企業と政策構想』信山社（2001年），『日本の政策構想』信山社（2002年），『中小企業の社会学』信山社（2002年），『スモールビジネスの経営学』信山社（2003年），『中小企業政策論』信山社（2003年），『企業と政策』（共著）ミネルヴァ書房（2003年），『アメリカ経済論』（共著）ミネルヴァ書房（2004年），『通史・日本経済学』信山社（2004年），『中小企業の政策学』信山社（2005年），『比較経済社会学』信山社（2006年），『起業教育論』信山社（2007年），『スモールビジネスの技術学』信山社（2007年），『逆説の経営学』税務経理協会（2007年），『資本と時間』信山社（2007年），『経営学の逆説』税務経理協会（2008年），『近代日本の自画像』信山社（2009年），『学歴の経済社会学』信山社（2009年），『指導者論』税務経理協会（2010年），『アレンタウン物語』税務経理協会（2010年），『市場経済の多様化と経営学』（共著）ミネルヴァ書房（2010年），『アジアと日本』信山社（2010年），『イノベーションの経済社会学』税務経理協会（2011年），『巨大組織の寿命』信山社（2011年），『タワーの時代』信山社（2011年），『経営学講義』税務経理協会（2012年），『瀬戸内造船業の攻防史』信山社（2012年），『田中角栄の政策思想』信山社（2013年），『地域文化経済論』同文舘（2014年），『恐慌型経済の時代』信山社（2014年），『強者論と弱者論』信山社（2015年）

《検印省略》
平成27年9月30日　初版発行　　略称：福島経済

福島後の日本経済論

著　者　寺　岡　　寛
発行者　中　島　治　久

発行所　同 文 舘 出 版 株 式 会 社
東京都千代田区神田神保町1-41　〒101-0051
営業（03）3294-1801　編集（03）3294-1803
振替 00100-8-42935　http://www.dobunkan.co.jp

印刷・製本：萩原印刷

ISBN978-4-495-44211-8